I0021408

Zen. Für
Programmierer.

Christian Grobmeier

Zen. Für Programmierer.

Christian Grobmeier

ISBN 978-1533048271

Leanpub

Das ist ein Leanpub-Buch. Leanpub bietet Autoren und Verlagen mit Hilfe des Lean-Publishing-Prozesses ganz neue Möglichkeiten des Publizierens. Lean Publishing bedeutet die permanente, iterative Veröffentlichung neuer Beta-Versionen eines E-Books unter der Zuhilfenahme schlanker Werkzeuge. Das Feedback der Erstleser hilft dem Autor bei der Finalisierung und der anschließenden Vermarktung des Buches. Lean Publishing unterstützt den Autor darin ein Buch zu schreiben, das auch gelesen wird.

© 2012 - 2016 Christian Grobmeier. Alle Rechte vorbehalten.

Für Ben Philipp.

Inhaltsverzeichnis

INHALTSVERZEICHNIS

Danksagung

Ich möchte folgenden Personen danken, die mir sehr beim Schreiben dieses Buchs geholfen haben: Nicole Michejew, Boris Koch, Stephan Uhrenbacher, Upayavira, Viciarg und meiner Lektorin Kathleen Weise.

Außerdem möchte ich all jenen danken, die meinen ersten Blog-Post zu diesem Thema, „The 10 Rules of a Zen Programmer", gelesen und darauf geantwortet haben.

Einleitung

Ich bin kein Mönch.

Seit 2006 beschäftige ich mich mit Zen. Acht Jahre – das klingt nach einer langen Zeit. Aber in Zen-Jahren gemessen ist das gar nichts. Ich stehe immer noch am Anfang. Ich weiß, dass ich anders leben sollte. Doch es ist schwer, etwas zu ändern, das man schon seit Jahren falsch macht. Es ist schwer, etwas aus einem anderen Blickwinkel zu betrachten, wenn man in der Klemme steckt. Als ich mit Zen begonnen habe, ging es mir nicht besonders gut, ohne die Gründe dafür zu verstehen. Doch eines Morgens, als ich wie immer meditierte, machte es plötzlich „Klick". Ein paar meiner Probleme wurden plötzlich sichtbar. Man muss kein ordinierter Mönch oder Zen-Meister werden, um eine solche Selbsterkenntnis zu erfahren. Solange man meditiert, ändert sich die Sichtweise von selbst und damit letztendlich auch der Geist. In jedem Fall hat es die Art und Weise verändert, wie ich arbeite. Ich wurde produktiver und effizienter. Aber viel wichtiger: Ich wurde glücklicher.

Eigentlich wollte ich nie ein Buch über Zen schreiben.

Doch ich habe andere Software-Entwickler kennengelernt, die sich mit den gleichen Problemen herumschlugen wie ich: Ihre Gesundheit spielte ihnen Streiche, und sie wussten einfach nicht, was sie mit dem Rest ihres Lebens anfangen sollten.

Manchmal haben sie mich um Rat gefragt, und ich habe geantwortet: „Meditiere!", oder: „Lies Bodhidharmas Texte." Ziemlich oft wurde ich nicht verstanden. Möglicherweise liegt es daran, dass heutzutage niemand mehr die Zeit hat, über die Bedeutung von Meditation nachzudenken. Vielleicht liegt es auch daran, dass es wirklich nicht einfach ist, diesen ersten Schritt zu wagen.

Es war auch für mich nicht leicht. Selbstverständlich habe ich Bücher gelesen, aber Bücher allein reichen nicht. Ich musste mich hinsetzen und meditieren. Trotzdem vermisste ich etwas. Nämlich meinen eigenen Weg. Den Weg, wie ich mein Leben verbringen wollte. Einen beschilderten Pfad. Ich dachte darüber nach, wer ich tatsächlich war, und nicht darüber, wer ich sein wollte. Was hatte ich bisher getan? Was mochte ich eigentlich wirklich?

Die Antwort lautete: Musik. Bei all den Dingen, mit denen ich mich in meinem Leben beschäftigt habe, gab es nur eine Konstante: Ich habe immer Musik geliebt. Mein Geschmack hat sich über die Jahre verändert, aber ich habe immer Musik gehört, gemacht oder einfach darüber nachgedacht. Ich bin leicht abzulenken, wenn ich mich mit einem Computerspiel vergnüge. Doch es ist nicht so einfach, wenn ich gerade tolle Musik höre.

Bei meiner Recherche stieß ich auf eine alte Zen-Schule, in der mittels Shakuhachi (einer japanischen Bambusflöte) meditiert wird. Ich wusste auf Anhieb, dass dieses uralte Instrument zu meinen Zen-Übungen gehören sollte. Als ich feststellte, dass die Shakuhachi auch heute noch gespielt wird, und sich die Gelegenheit bot, bei einem bekannten japanischen Lehrer in Deutschland Unterricht zu nehmen, war ich überglücklich.

Also setzte ich mich hin und spielte Shakuhachi. Das mache ich immer noch jeden Tag. Man muss sich aber keine Kunstform aussuchen, um Zen zu praktizieren. Zen kann jederzeit ausgeübt werden. Auch das Programmieren kann eine Zen-Übung sein. Seitdem ich das weiß, versuche ich es jeden Tag. Programmieren als alleinige Übung ist jedoch gefährlich, da es ja gleichzeitig harte Arbeit ist. Zu leicht kann man seine Balance verlieren. Aber in Verbindung mit „etwas anderem" kann es sehr gut funktionieren.

Falls Sie noch keine Vorstellung davon haben, wie Ihre Meditationsübung aussehen könnte, setzen Sie sich doch einfach auf den Boden. Hören Sie auf, nach einer Lösung zu suchen. Die Lösung wird Sie finden. Hören Sie nicht auf, zu denken, das wird von selbst geschehen. Setzen Sie sich einfach hin, bis sich Ihr Blickwinkel ändert.

Der Zen-Geist ist frei von Dogma. Ich habe versucht, dieses Buch in diesem Gedanken zu schreiben. Was Sie hier lesen werden, ist nur meine Interpretation der Zen-Lehren. So wie das Wasser den Fluss herunterfließt, kann sich auch meine Interpretation mit der Zeit ändern. Mein Verständnis von Zen hat sich durch eine Kombination aus Erfahrung, dem Lesen von Büchern, Meditation und natürlich dem geduldigen Anleiten meines Senseis geformt. Das kann nicht als generell gültiges Verständnis von Zen dienen. Es ist mein Verstehen zu genau diesem Zeitpunkt, und Sie können dem entweder zustimmen oder nicht. Bitte fühlen

Sie sich nicht von meinem Text daran gehindert, Ihr eigenes
Verständnis für Zen zu entwickeln. Es gibt kein „richtig"
oder „falsch".

Wenn Sie etwas über Zen lernen möchten, bedeutet das,
Sie müssen viel in uralten Texten lesen und eine Menge
Grundlagenforschung betreiben. Deswegen habe ich dieses
Buch geschrieben. Zen ist ein „Werkzeug", wie man so oft
sagt. Aber es ist eben nicht einfach, dieses Werkzeug zu
benutzen, vor allem nicht am Anfang. Mit diesem Buch
möchte ich Sie ein wenig dazu inspirieren, das Werkzeug
Zen zu verwenden. Und ich möchte Sie motivieren, etwas
mehr über Zen zu lernen.

Für dieses Buch habe ich mir eine Lektorin gesucht,
die mir über meine grammatikalischen Schwächen und
Tippfehler hinweghalf. Ich hoffe, sie hat mir auch die
schlimmsten Fehler in meinem Text vorgehalten. Falls Sie
als Leser dennoch irgendetwas finden, das verwirrend,
schlecht ausgedrückt oder einfach nicht logisch ist, dann
seien Sie versichert: Es ist meine Schuld, und es tut mir sehr
leid, nicht besser gearbeitet zu haben.

Ohne jeglichen Zweifel wünsche ich mir Freiheit, die
Möglichkeit, ungehindert sprechen zu können, und Frieden
für uns alle. Bitte interpretieren Sie das in keinem Fall
anders, auch wenn es vielleicht im Text so klingt. Stattdessen bitte ich Sie, mich darauf hinzuweisen, damit ich diese
Passagen in späteren Versionen des Buchs verbessern kann.

Einleitung

Wie ich das Sitzen erlernte

Wenn Menschen mich fragen, warum ich mich mit Zen beschäftige, gebe ich die einfache und kurze Antwort: Weil ich mein Leben nicht besonders genossen habe. Ich hatte ständig Magenschmerzen, eine Erkältung, die mich nicht loslassen wollte, und meine Freizeit bestand aus Biertrinken mit Kollegen. Von außen betrachtet sah es vielleicht noch irgendwie gut aus, aber das war es nicht. Deshalb beschloss ich eines Tages, mein Leben zu ändern, auch wenn ich noch nicht genau wusste, was eigentlich schief lief.

Aber alles der Reihe nach.

Die ersten Jahre

Ich begann meine berufliche Karriere als Zahntechniker und war auch ganz zufrieden mit dieser Wahl, obwohl es recht anstrengend war, überhaupt eine Anstellung in diesem Beruf zu erhalten. Ich bin nämlich nicht besonders fleißig in der Schule gewesen. Als ich zwölf war, verliebte ich mich in die Rockmusik und wollte Musiker werden. Wenn man aber den halben Tag lang über Songs nachdenkt und den anderen halben Tag lang Schlagzeug spielt, bleibt eben nicht viel Zeit für Mathematik oder Physik übrig. Ich ließ meine Haare wachsen und träumte von einer Musiker-

karriere. Doch eines Tages musste ich feststellen, dass ich
einen bezahlten Job benötige und dass nicht besonders viele
Leute einen langhaarigen jungen Kerl einstellen wollen,
der nur Musik im Kopf hat. Ein Mann ging dieses Wagnis
jedoch ein, und dafür bin ich ihm noch heute sehr dankbar.
Wenn die Regierung die medizinische Versorgung nicht so
drastisch verändert hätte, als ich gerade mit der Ausbildung
fertig geworden war, würde ich vielleicht heute noch als
Zahntechniker arbeiten.

Beim Beginn meiner Ausbildung bezahlte die Krankenkasse nämlich noch einen Teil der zahnmedizinischen Versorgung. Aber nach der Gesundheitsreform gab es plötzlich
kein Geld mehr für die meisten Zahnprobleme der Versicherten. Viele Leute begannen damit, bei der Zahnversor-
gung zu sparen oder entschieden sich für die preiswerteste
Problemlösung, die eben häufig nicht die beste war. Manche kümmerten sich auch gar nicht mehr um ihre Zähne,
wenn ihnen das Geld dafür fehlte. Ich war jung und uner-
fahren, und plötzlich gab es nicht mehr so viel Arbeit. Mein
Chef konnte zwar die alten Hasen in seinem Team behalten,
musste aber die Gehälter kürzen. Für mich blieb nichts
mehr übrig. Viele Kollegen verloren zu dieser Zeit ihre
Stellen. Für Deutsche ist das doch eine recht unangenehme
Erfahrung. Immerhin waren wir damals noch der Meinung,
dass wir in der Firma, in der wir unsere Karriere begannen,
auch die nächsten fünfzig Jahre arbeiten würden. Oder
eben bis wir starben.

Ich gehöre der ersten Generation in Deutschland nach
dem Zweiten Weltkrieg an, in der die Bindungen der Ar-

beitnehmer an die Unternehmen deutlich aufbrachen. Ich musste etwas anderes tun, aber ich wusste nicht was. Es war 1998, ich leistete Zivildienst, und auf einmal sprach jeder über Windows 95/98. Ich wurde neugierig, und letztlich habe ich mir meinen ersten PC besorgt. Der war ziemlich alt und auch langsam. Aber ich habe meine ersten Erfahrungen mit Word und dem Internet trotzdem damit gesammelt, immerhin hatte ich bereits als Kind mit einem Commodore C64 programmiert. Ich wollte eine Internetseite für meine Band gestalten. Wir besaßen zwar Flyer und Demo-Tapes, aber eine Webseite würde sicherlich etwas Besonderes sein. Ich glaubte, FrontPage würde mir dabei helfen, und versuchte, alles darüber zu lernen.

Es funktionierte allerdings nicht besonders gut. Tatsächlich war FrontPage sogar ziemlich schrecklich. Später erzählte mir jemand, dass ich Webseiten auch ohne Front-Page erstellen könnte – mit HTML –, und ich verspürte plötzlich eine Aufregung wie damals, als ich meine ersten Schritte mit C64 Basic gemacht habe. Ich erlernte also HTML, und das war der Startschuss für meine Karriere als Programmierer. Zwei Monate später verkaufte ich meine ersten beiden Webseiten.

Die erste wurde tatsächlich bezahlt und war immerhin bis mindestens 2013 noch unverändert im Einsatz (ich gebe den Link aber nicht weiter). Die zweite Seite befand sich noch im Aufbau, als wir das Projekt stoppten, denn die Seite überforderte mich. Der Kunde wollte Videos und einen Login einbinden. Um solche Anforderungen jedoch zu erfüllen, fehlten mir bei Weitem noch die Fähigkeiten.

Aber immerhin hatte ich zu diesem Zeitpunkt eine Seite
verkauft und brachte auch die Seite meiner Band online.
Ich wusste, mein Leben hatte sich verändert. Im Anschluss daran lernte ich PHP, weil ich Zeit sparen wollte,
um Webseiten zu erstellen. Als Übung programmierte ich
ein Musik-Magazin für das Internet und versuchte dann,
eine Stelle als Programmierer zu finden. In dieser Zeit suchte jeder nach Entwicklern, und niemand kümmerte sich
darum, ob man studiert hatte. Wenn der Bewerber HTML
konnte, war er bereits ein gefragter Mann. Ein hilfreicher
Bonus für einen langhaarigen bis dato erfolglosen Musiker,
der keine Ahnung von Mathematik und Physik hatte oder
eine ähnliche Qualifikation besaß, die üblicherweise von
einem Programmierer erwartet wird.

Nach einer Weile bekam ich tatsächlich eine Anstellung
in einer großartigen Firma. Ich hatte sehr viel Glück, denn
die Leute kümmerten sich nicht um das, was ich noch *nicht*
wusste. Sie kümmerten sich um das, was ich *wusste*, und
brachten mir den Rest bei. Auf diesem Weg lernte ich Java,
wie man einen guten Code schreibt, Design Patterns, SQL
und so einiges mehr. Tomcat 3 wurde recht schnell zu einem
guten Freund.

Doch zu diesem Zeitpunkt begannen sich auch bereits
einige meiner Probleme zu manifestieren. Als Auszubil-
dender galt ich weniger als ein Junior Programmer und
verdiente entsprechend wenig Geld. Mein gesamtes Ein-
kommen trat ich quasi sofort an die nächste Tankstelle ab,
denn ich musste zu meinem Arbeitsplatz fahren. Doch ich
brauchte ja auch noch etwas zu essen und Geld für die

Miete. Deswegen nahm ich ein paar Projekte nebenher an, die ich nachts und an den Wochenenden erledigen konnte. Bald war ich es gewohnt, um 6 Uhr morgens wach zu sein und zur Arbeit zu fahren. Abends um 18 Uhr war ich dann wieder zurück und arbeitete weiter, bis ich gegen Mitternacht oder später ins Bett fiel. Kein Wochenende. Kein Spaß. Und auch fast keine Musik. Einmal in der Woche schaffte ich es zwar, die 150 Kilometer zu meiner Heimatstadt zu fahren, um mit der Band zu proben, aber jeder wusste, dass dies nicht lange gut gehen würde. Jeder außer mir.

Ich arbeitete hart als freier Mitarbeiter, allerdings nur für einen Kunden. Dummerweise hat genau dieser eine Kunde irgendwann nicht mehr gezahlt. Er besaß kein gutes Händchen für Finanzen und versäumte es, Rechnungen an seine eigenen Kunden abzusenden. Ich beschwerte mich, doch es brachte nichts. Letztlich bat ich ein Inkassobüro, meine Honorare einzutreiben, aber das dauerte mehrere Monate. Während ich mich um dieses Problem kümmerte, konnte ich kaum neue Kunden akquirieren. Das machte mir schwer zu schaffen, weil ich ja für Miete und Essen aufkommen musste. Während dieser Zeit verlor ich einigen Lebensmut. Meine Freundin lieh mir glücklicherweise etwas Geld, womit ich dann immerhin die billigsten Lebensmittel bezahlen konnte. Auf diese Weise konnte ich meine Ausbildung beenden und letztlich meine Abschlussprüfung bestehen. Anschließend war ich ein junger und sehr, sehr hungriger Programmierer.

Die nächste Überraschung ließ jedoch nicht lange auf

sich warten. Ich hatte gehofft, dass ich in derselben Firma weiterarbeiten konnte, in der ich ausgebildet worden war. Die Firma musste allerdings, für die Mitarbeiter überraschend, Insolvenz anmelden, und somit stand ich wieder auf der Straße – auf der Suche nach einer neuen Stelle.

Der Job, für den ich alles tat

Können Sie sich vorstellen, wie es sich anfühlt, wenn man absolut kein Geld mehr hat, der Kühlschrank leer ist und man gerade seinen Job verloren hat? Panik beschreibt meinen Zustand nur unzureichend. Für mich fühlte es sich an, als würde ich demnächst verhungern. Ich verspürte Zukunftsangst und wollte unbedingt aus dieser Nummer raus und möglichst nie wieder zurück. Nach einigen Überlegungen beschloss ich deshalb, zur Verbesserung meines Lebenslaufs eine Stelle in einer großen Beratungsfirma anzunehmen.

Mein erstes Projekt war in Frankfurt, und das bedeutete für mich ungefähr sechs Stunden Autofahrt von meinem Wohnsitz zu meiner Arbeitsstelle. Ich nahm also jeden Montagmorgen den Zug, arbeitete mehr als 60 Stunden und reiste am Freitag nach dem Mittagessen zurück. Samstags schlief ich die meiste Zeit und fühlte mich wie ein Zombie, aber auch am Sonntag konnte ich mich nicht entspannen, denn ich musste ja die Reise für Montag vorbereiten, und das machte mich nervös.

Das Projekt war berüchtigt. Achtzig Personen versuchten, das Schiff vor dem Sinken zu bewahren. Alles war sehr verwirrend und kompliziert. Wir arbeiteten hart daran,

unseren Code aufzuräumen und stabiler zu bekommen.
Unser System war riesig, und wir rechneten ständig damit,
dass wir irgendetwas kaputt machen würden. Alle waren
sehr nervös, und es war kein Wunder, dass sich ein paar
von uns schließlich wie Idioten verhielten.
Jede Zeile geschriebener Code ist mit Emotionen verbunden. Versuchen Sie mal, Ihrem Kollegen zu erklären,
dass er schlecht programmiert, wenn er gerade sein Bestes
gibt. Während dieser Zeit verließen viele Entwickler die
Firma. Ich konnte das nicht. Ich musste bleiben, denn ich
glaube, man sollte mehr als zwei Jahre für eine Firma
arbeiten, damit man ernst genommen wird.
Während unsere Aufräumaktion voranschritt, veränderten sich die Leute. Das Team wurde kleiner, und wir
konnten besser miteinander reden. Nach einiger Zeit wurden wir sogar ein Team, in dem sich alle mochten. Wir
arbeiteten immer noch sehr viel, aber es gab auch Zeiten,
in denen wir spät abends die Arbeit beendeten und in die
nächste Kneipe gingen, um einen Happen zu essen und
etwas zu trinken. Wenn man nach einem so langen, harten
Arbeitstag betrunken irgendwo herumsitzt, fühlt man sich
manchmal nicht mehr wie ein Sklave. Im Gegenteil, man
beginnt plötzlich zu glauben, man sei eine Art Rockstar, der
die Welt (oder in diesem Fall: die Firma und die Kollegen)
rettet. Wenn dann auch noch ein Manager seine Kreditkarte
zückt und die Rechnung übernimmt, kommt man sich um
so wichtiger vor.
Nachdem ich auf diese Weise zwei Jahre lang gelebt

hatte, wurde ich jedoch sehr müde. Die Arbeit machte keinen Spaß mehr. Ich fühlte mich auch nicht mehr wie ein Programmierer-Rockstar. Meine wirkliche Band war mittlerweile auch am Ende. Ich besaß einfach keine Kraft mehr, um kreativ zu sein. Manchmal programmierte ich Open Source, wenn ich abends im Hotel ankam. Mit Hilfe einiger Bier kann man auch nach einem langen Arbeitstag noch ein paar Stunden programmieren. Aber für Musik fehlte die Kraft. Ich hätte proben, neue Songs komponieren oder auf Tour gehen sollen. Stattdessen verspürte ich nicht einmal mehr Lust herumzureisen (dieses Bedürfnis war ohnehin nie besonders stark ausgeprägt gewesen). Ich wollte einfach nur noch nach Hause und schlafen. Nach elf Jahren löste sich meine Band schließlich auf, und das Ende war mit viel bösem Blut verbunden.

Als ich wieder einmal eines Morgens auf den Zug wartete, fragte ich mich: Ist das etwa mein Leben? Ich fand es schrecklich. Dabei war ich ein respektiertes Teammitglied; aber eben auch eines, das für jemanden arbeitete, den es nicht einmal kannte. Und wenn das Projekt zu Ende ging, dann war auch ich Geschichte. Mit Geldproblemen musste ich mich zwar nicht mehr herumschlagen, mein Leben bestand jedoch nur noch aus Arbeit und Bier. Es gab darin keine Kunst und vor allem keine Musik mehr. Manchen Menschen mag das nichts ausmachen, aber ich wollte nicht den Rest meines Lebens auf diese Weise verbringen.

Doch noch wusste ich nicht, wie ich diesen Zustand ändern sollte.

Eines Tages wurde dann entschieden, das Projekt von

Frankfurt nach München zu verlegen. Das war recht nahe an meinem Hauptwohnsitz, und ich hoffte, dass mit dem Umzug alles besser werden würde. Doch das war nicht der Fall. Ich fuhr immer noch früh morgens zur Arbeit und kehrte erst spät nachts zurück. Es entpuppte sich nur als eine andere Version meines Zombielebens. Und es gab auch kein Licht mehr am Ende des Tunnels. Es ging einfach so weiter, Tag für Tag.

Mein Leben brauchte eine Veränderung. Das spürte ich deutlich, aber ich war nicht sicher, was ich machen sollte oder was genau schief lief. Immerhin lebten doch viele Menschen wie ich: zur Arbeit gehen, Bier trinken, von vorn anfangen. Möglicherweise, so grübelte ich, stimmte ja etwas nicht mit mir?

Eines Morgens erinnerte ich mich plötzlich daran, wie ich als 14-Jähriger einmal Meditation ausprobiert hatte. Damals hatte mir ein Freund ein Buch darüber geliehen, weil es mir helfen sollte, mich in der Schule zu verbessern. Die Meditation verhalf mir leider nicht zu besseren Noten, aber ich erinnerte mich daran, wie wohl ich mich während der Meditation gefühlt hatte. An dem Tag, an dem mir diese Erlebnisse wieder einfielen, war ich früh aufgewacht. Meine Kollegen und ich hatten hart gearbeitet, und mein Gehirn konnte sich einfach nicht entspannen. Ich träumte von Source-Code und zwar um 5 Uhr morgens. Also stand ich einfach auf, ging ins Wohnzimmer und öffnete das Fenster. Frischer Wind strömte herein und begrüßte mich. Die morgendliche Luft roch fantastisch, es waren ja noch keine Autos unterwegs. Und es war still. Nur die Vögel begannen gerade mit ihrem frühmorgendlichen Gesang. Das war der Moment, in dem ich mich an das Buch meines Freundes erinnerte, und ich setzte mich hin und starrte in die Schatten. Mein Ziel war es, einfach ein paar Minuten lang nicht zu denken, denn ich konnte es nicht länger ertragen. Mein Herz schlug bereits heftig, und ich mochte das nicht besonders. In meinem Kopf hörte ich schon wieder die Stimme meines Managers herumschimpfen, und sie war lauter als die der Vögel. Nach einiger Zeit des Stillsitzens verstummte sie jedoch wieder, und der Vogelgesang war das einzige Geräusch, das ich wahrnahm.

Noch am selben Tag kaufte ich zwei Bücher über Zen.

Viele Bücher über Meditation beschäftigen sich mit Spiritualität, Mystik oder Religion. Aber ich war nur Programmierer!

Ich suchte nicht nach einer Religion, sondern wollte etwas über das Meditieren lernen.

Das Geplapper in meinem Kopf sollte aufhören.

Glücklicherweise begriff ich schnell, dass es im Zen nicht unbedingt um Mystik geht oder darum, eine Gottheit zu verehren. Das ist der Grund, warum ich mich damit beschäftigt habe. Ich las die Bücher und mochte das, was sie beschrieben. Sie allein halfen mir jedoch nicht weiter. Wie ich später begriff, sind bei Zen vor allem die Übungen wichtig, und nur diese Übungen halfen mir wirklich weiter. Doch nach dem ersten Lesen wollte ich mehr wissen. Es veränderte mein Denken völlig, aber das werde ich hier nicht ausführen, denn es geht nicht darum, Ihren Glauben zu verändern. Es geht darum, Ihnen zu erzählen, was ich unternahm, als mein Kopf kurz vor dem Explodieren stand. Dies war mein Weg zum Zen. Kurz darauf kündigte ich bei meiner Firma und begann, für eine andere zu arbeiten. Nach einiger Zeit war ich jedoch wieder genauso erschöpft. Es dauerte ein paar Jahre, um das zu merken, und ein paar Mal verstieß ich auch gegen die Grundsätze, die ich mir selbst aufgestellt hatte. Irgendwann änderte sich allerdings etwas, und meine Zen-Übungen begannen, Früchte zu tragen.

Ende 2010 verließ ich erneut meine Anstellung. Ich lehnte mehrere hochbezahlte Angebote ab und gründete meine eigene Firma. Mein Geschäft (Time & Bill[1]) und ein paar freiberufliche Projekte brachten mir zwar weniger Geld ein, als ich als Angestellter verdient hätte, der Vorteil war allerdings, dass ich das Meiste von zu Hause aus erledigen und mein Kind aufwachsen sehen konnte. Das war wesentlich mehr wert, als mir irgendwer hätte bezahlen können.

Nach einer langen, dunklen Zeit konnte ich mein Leben endlich wieder unter Kontrolle bringen. Ich arbeite immer noch 60 Stunden in der Woche, aber ich muss mich nicht mehr beschweren. Ich konnte mich von meinem Selbstmitleid lösen und bin nun fähig, gute und schlechte Zeiten gleichermaßen zu genießen (ich versuche es wenigstens). Außerdem habe ich gelernt, dass nicht alles Schlechte, das mir passierte, mit meiner Arbeit zusammenhing, und wie ich mit den Dingen in meinem Leben umgehen muss, die man bestenfalls als Zeitfresser bezeichnen kann.

---

[1] http://www.timeandbill.de

Das ist meine Geschichte.

Lassen Sie uns aber zunächst einen Blick auf eine Geschichte werfen, deren Beginn noch viel weiter in der Vergangenheit liegt.

Was ist Zen?

Wer war Siddharta Gautama?

Siddharta Gautama begründete die Lehre und Religion, die wir heute Buddhismus nennen. Er wurde 563 v. u. Z. als Sohn von König Suddhodana geboren. Die Prophezeiungen besagten, er würde entweder ein mächtiger König oder ein heiliger Mann, ein Weltlehrer, werden.

Sein Vater Suddhodana wollte ihn allerdings lieber als seinen Nachfolger auf dem Thron sehen. Er versuchte daher, alles Schlechte auf der Welt vor seinem Sohn zu verbergen. Suddhodana glaubte, sein Sohn würde eher nach dem Thron greifen, anstatt ein Heiliger zu werden, wenn er die Welt für einen Ort hielt, an dem nur gute Dinge geschahen. Er verbannte all das, was alt, hässlich oder am Verwelken war, aus dem Palast und verbot Siddharta hinauszugehen. Eingesperrt im Palast seines Vaters wuchs Siddharta behütet auf und heiratete Yasodhara, die später seinen Sohn Rahula gebar.

Doch eines Tages gelang es Siddharta, aus den geschützten Palastgärten zu entkommen. Er reiste in einer Kutsche umher, begleitet von seinem Kutscher Channa.

Auf ihrer Reise sah Siddharta einen verstümmelten,

alten Mann, der sehr unter seinen Verletzungen und seinem fortgeschrittenen Alter litt. Siddharta fragte Channa, warum der Mann litt. Channa erklärte ihm, dass Altern etwas sei, das jeder Person widerfahren würde. Jeder würde eines Tages schwach werden und darunter leiden. Dann sahen sie einen anderen Mann, der krank mit Fieber darnieder lag. Channa sagte, Krankheit wäre ebenfalls ein Teil des Lebens, und die Menschen könnten es nicht verhindern, auch darunter zu leiden.

Zu guter Letzt erblickten sie eine Leiche in Straßennähe, und dieses Mal erklärte Channa, dass jeder Mensch eines Tages sterben müsse. Das Leben endete eines Tages für jeden, ganz gleich ob reich oder arm. Ein jeder würde sterben.

Siddharta verzweifelte. Als sie zurückreisten, trafen sie einen Asketen. Channa erklärte, dass dieser Mann versuche, eine Lösung aus dem Elend zu finden. Als Siddharta das hörte, schöpfte er wieder Hoffnung. Er glaubte, dass es einen Weg geben müsse, um das Leiden zu beenden.

Siddharta verstand nun, dass Altern, Krankheit, Tod und auch Schmerz tief mit dem Leben verflochten waren und man sie nicht trennen konnte. Dieses Wissen nennt man die Vier Edlen Einsichten.

Mit diesem Gedanken verließ Siddharta Gautama seine Familie, um herauszufinden, wie Menschen einen Weg aus diesem Kreislauf der Verzweiflung finden könnten. Mit dieser Entscheidung begründete er den Buddhismus. Er führte ein interessantes Leben, in dem er selbst auch zum Asketen wurde und sich fast zu Tode hungerte.

Schließlich erreichte er die Erleuchtung, indem er drei Tage und Nächte lang in Meditation unter dem Bodhi-Baum verbrachte.[2] Von da an unterrichtete er seine Schüler, bis er an einer Lebensmittelvergiftung starb. Er wurde der erste Buddha seiner Zeit[3] und ist Thema vieler Legenden und Mythen.

Ist Siddhartas Lehre kompatibel mit anderen Religionen?

Die Abwesenheit Gottes

Wenn man dem Fernsehen Glauben schenkt und Buddhisten in orangenen Kleidern Rituale und Gebete ausüben sieht, könnte man glauben, dass Buddhismus und andere Religionen unvereinbar wären. Buddhismus kennt nicht nur eine Lehre, so wie es der Katholizismus tut. In seiner Gesamtheit könnte man ihn mit dem Christentum vergleichen, in dem es nicht nur Katholiken, sondern auch Reformierte gibt. Das Gleiche gilt für den Islam, in dem es die Hauptlehre (Qur'an) mit verschiedenen Interpretationen wie Sunni Islam and Shi'a Islam gibt.

Doch Buddhismus ist eine Religion ohne Gott.

Siddharta selbst war kein Prophet. Er war nicht von Gott gesandt, er war auch kein mystisches Wesen wie ein

---

[2]Sie können noch immer den Mahabodhi Temple in der Nähe von Patna, Indien, besuchen und den heiligen Baum sehen, an dem er die Erleuchtung erlangte.

[3]Manche Menschen glauben, dass Siddharta Guatama bereits der vierte Buddha war. Wahrscheinlich gab es eine Reihe vor ihm, und es wird viele nach ihm geben. Gautama Buddha wurde einer der bekanntesten

Engel. Zeit seines Lebens wollte er als das gesehen werden, was er war: ein Sterblicher.

Die wichtigste Übung im Buddhismus ist die Meditation. Auch der Katholischen Kirche ist sie nicht fremd, in der sie oft in Klöstern ausgeübt wird. Auch der Islam kennt diese Technik, vor allem der Sufismus, in dem sie Dhikr genannt wird.

Das Fehlen eines Gottes, der Umstand, dass Siddharta sterblich war (und sich selbst Mensch nannte), und die Techniken, die anderen Religionen nicht fremd sind, machen es leicht, den Buddhismus mit anderen Religionen wie dem Islam oder dem Christentum zu verbinden. Ich habe von katholischen Priestern gehört, die gleichzeitig Zen-Mönche waren.

Ein Buddha, viele Buddhas

Als Siddharta Gautama erleuchtet wurde, begannen die Menschen, ihn „Buddha" zu nennen. Das bedeutet „der Erwachte". Sein vollständiger Name lautet Siddharta Gautama Buddha, aber oft wird er einfach Buddha genannt.

In der Lehre des Buddha basiert alles auf dem Konzept des „mittleren Weges", in dem für Extreme kein Platz ist. Andere, die diesem Weg folgten und ihn meisterten, erhielten ebenfalls den Titel des Buddha. Jeder dieser Buddhas hatte eigene Ansichten, und irgendwann begannen sich die Lehren zu unterscheiden. Der „Kern", den Gautama Buddha gelehrt hatte, blieb derselbe, aber der Weg, um das Leiden zu beenden, unterschied sich. Man könnte auch sagen, der Buddhismus ist in mancher Hinsicht eine leben-

dige Religion; denn es gibt auch in den modernen Zeiten
Buddhas, die die Lehren Siddharta Gautama Buddhas in
unsere Zeit übertragen.[4]

Rituale and Gebete

In Tibet gibt es eine Menge Rituale, eine große Verehrung
der heiligen Gegenstände und weitere religiöse Praktiken.
Manche Buddhisten beten sogar zu Buddha als ihren Gott.
Ich weiß nicht genau, warum sie das tun. Wenn sie zu einem
höheren Wesen beten und erwarten, dass es ihnen hilft,
interpretieren sie den Buddhismus anders als ich. Ich habe
die Lehren so verstanden, dass ein jeder seinen eigenen
Weg finden muss, wie er für sich das Leiden beenden kann.
Aber möglicherweise irre ich mich in diesem Punkt. Bitte
beachten Sie, dass einige beliebte buddhistische Schulen
(wie zum Beispiel das „Reine Land") das göttliche Element
als entscheidend betrachten.

Selbst wenn man einen mystischen Aspekt wie die
Wiedergeburt in Betracht zieht, ergibt die Anbetung keinen
Sinn für mich. Vielleicht haben Sie schon gehört, dass
manche Buddhisten glauben, dass sie so lange wiederge-
boren werden, bis sie ihr Leiden beenden können. Wenn
sie endlich in der Lage sind, den Kreis von Geburt und
Tod zu durchbrechen, gehen sie ins Nirvana ein. Ich bin
jedoch nicht sicher, ob Buddha uns von dort aus zuhören
kann. Eigentlich glaube ich nicht, dass sie danach noch über

---

[4]Bitte beachten Sie, dass ich, obwohl ich versuche, den Buddhismus für die Programmierwelt zu übersetzen, längst kein Buddha bin.
Ich spreche von anderen großen Lehrern wie Kôdô Sawaki.

eine Form verfügen. Aber das ist nur meine Sichtweise. Ich glaube, dass Buddha gestorben ist. Und wir haben bereits alles, was wir von ihm brauchen, und jetzt liegt es an uns, unseren eigenen Weg zu finden.

Ich bin sehr froh darüber, dass Anbetung und Lobpreisung im Zen eine untergeordnete Rolle spielen. Obwohl es Rituale gibt, haben sie nichts mit Trance und dem Bitten um Erlösung oder Ähnlichem zu tun. Die Rituale, die ich kenne, sorgen dafür, dass man seinen Weg und die Bedeutung der eigenen Übungen nicht vergisst. Genau genommen bin ich sogar ein eher skeptischer Mensch, und es würde mir schwer fallen, Rituale auszuführen, die ich in Tibet gesehen habe. Ich nehme an, den meisten Lesern dieses Buches wird es ähnlich ergehen.

Die „Rituale", die ich anwende, sind die Art und Weise, wie ich Zazen (Sitzmeditation) und Suizen (Meditation mit der Flöte) ausübe. Dies beinhaltet angemessene Kleidung und zu besonderen Anlässen das Einsetzen von Räucherstäbchen. Alles, was ich für meine Übungen benötige, benutze ich mit Respekt. Dazu gehört auch mein Zazen-Kissen (Zafu) und die dazugehörige Matte (Zabuton). Möglicherweise bringt Sie die Vorstellung eines Mannes, der sein Sitzkissen mit Respekt behandelt, zum Lächeln. Doch dieser Aspekt ist für mich wichtig, um in die richtige Stimmung für die Meditation zu gelangen und ausreichend Konzentration zu sammeln. Alle Rituale helfen bei der Konzentration. Wenn Sie sie beendet haben, ist Ihr Kopf frei, und Sie können mit der wirklichen, harten Praxis der Meditation beginnen.

Einer der frühen Testleser dieses Manuskripts merkte
dazu an: „Rituale geben ansonsten trivialen Handlungen
eine Bedeutung, und das kann eine nützliche Sache sein."
Auf die Rituale eines Zen-Programmierers werden wir
an anderer Stelle in diesem Buch noch einmal genauer
eingehen.

Religion oder Philosophie?

Ich kenne einige Leute, die glauben, dass der Buddhismus
eher eine Philosophie als eine Religion ist. Wenn es Ihnen
gefällt, können Sie das glauben. Ich persönlich habe Gründe
dafür gefunden, warum ich ihn lieber eine Religion nenne.
Doch ich bin nicht befähigt genug, um über diese Debatte
einen Aufsatz zu schreiben. Schließlich gehört auch diese
Entscheidung zu Ihrem eigenen Weg. Trotzdem möchte ich
kurz erläutern, warum ich ihn für eine Religion halte.

Es gibt zwar keinen Gott – und die Rituale und Gebete
besitzen oft einen symbolischen Charakter, anstatt eine
Wesenheit zu verehren –, trotzdem müssten Sie in der
ersten Lehre Buddhas einige Stellen finden, die mystische
Aspekte enthalten. Es gibt allerdings keinen Beweis für die
Bestätigung dieser Aspekte. Sie glauben sie entweder oder
nicht. Genau dieser Punkt macht den Buddhismus zu einer
Religion.

Zwei Beispiele:

Buddha hat gesagt, mit dem Buddhismus kann man das
Leiden beenden. Das Leiden durch Altern, Tod, Krankheit
und Schmerz. Wenn Sie sich in einer schlimmen Situation
befinden - möglicherweise nach einem schrecklichen Au-

tounfall - und beständige Schmerzen erleiden, werden Sie schnell verstehen, warum Buddhismus eine Religion ist. Denn Sie müssen wirklich glauben können, dass Ihr Leiden ein Ende finden kann.

Die Christen gehen davon aus, dass nach ihrem Tod über sie Gericht gehalten wird und sie entweder in den Himmel oder in die Hölle kommen.[5] Im Buddhismus wird der Begriff Hölle zwar manchmal benutzt, aber es gibt keine klassische „Hölle" im christlichen Sinn. Das endgültige Ziel ist es, wieder eins zu werden mit dem Universum und sich darin aufzulösen. Man muss den Kreis von Leben und Tod durchbrechen und die Wiedergeburten beenden. Denn nur wenn man eins mit dem Universum ist, wird man auch Frieden finden.

Üben stellt die Welt nicht auf den Kopf

Das Gute ist, dass Sie nicht an die Wiedergeburt glauben müssen, um Zen zu praktizieren. Sie müssen sich noch nicht einmal dafür interessieren, was nach dem Tod geschieht. Sie können viele der mystischen Aspekte des Buddhismus als symbolisch interpretieren und als Gläubiger weiterhin an der Religion festhalten, an die sie als Kind herangeführt wurden oder für die sie sich später entschieden haben.

Sie können die ursprünglichen Lehren des Gautama Buddha oder anderer Buddhas studieren und Sie werden mit großer Wahrscheinlichkeit nichts finden, das den Lehren Jesus Christus oder der Propheten des Islams widerspricht. Natürlich kann ich nicht alle Aspekte jeder Religion

---

[5]Soweit ich weiß, spricht die Bibel nicht von einer ewigen Hölle.

kennen. Es gibt Religionen wie Asatro oder Shinto, die sehr schwer zu vergleichen sind. Wenn Ihre Religion jedoch eine friedliche ist, stehen die Chancen gut, dass die Lehren des Gautama Buddha nicht mit ihr in Konflikt geraten.

Für dieses Buch habe ich versucht, einige Zen-Praktiken für die Arbeit anzupassen. Sie werden daher in diesem Buch auch nichts finden, das versucht, Sie zu einem Buddhisten zu machen.

Entscheiden Sie für sich selbst

Doch welche Schlussfolgerung ergibt sich aus den vorange-gangenen Ausführungen?

Sie müssen für sich selbst entscheiden.

Das Verständnis von Religion unterscheidet sich oft von Person zu Person. Ich selbst nehme eine agnostische, zuweilen beinahe atheistische Position ein. In meiner Welt spielen Gottheiten keine große Rolle. Ich glaube an das, was Buddha sagte, aber es fällt mir zum Beispiel schwer, völliges Verständnis für den „Reinen Land"-Buddhismus aufzubringen.

Sie müssen in Ihr eigenes Herz schauen und entschei-den, ob Ihre Überzeugungen mit den Lehren Buddhas in Konflikt treten. Sicher ist es nicht einfach, buddhistischen Linien zu folgen, die auf dem göttlichen Prinzip aufbauen. Das Gute ist jedoch, dass man von allen Buddhas lernen kann, ohne alle Aspekte anzunehmen. Behandeln Sie die Lehren in der Art, die für Sie akzeptabel sind.

Aber was ist Zen eigentlich?

In den vorangegangenen Abschnitten habe ich den Begriff
Zen in Verbindung mit Buddhismus verwandt. Aber genau
genommen ist Zen eine bestimmte Richtung innerhalb
dessen, genau wie der Tibetanische Buddhismus. Wie der
Buddhismus selbst hat auch Zen seine eigene Geschichte.
Bodhidharma war ein eindrucksvoller Mönch aus In-
dien. Er brachte die Lehre des Ch'an nach China, wo sie
sich zu Zen entwickelte. Er wird oft als der Begründer des
Zen genannt. Außerdem gilt er als Begründer des Shaolin
Kung-Fu. Bodhidharma ist der Mittelpunkt vieler Mythen und
Legenden. Eine der bekanntesten Legenden besagt, dass er
neun Jahre lang vor einer Höhlenwand saß und meditierte.
Als er müde wurde, war er so wütend auf sich selbst, dass er
seine Lider abriss und sie wegwarf. An der Stelle, an der die
Lider auf den Boden fielen, wuchsen die ersten Teepflanzen.
Heute ist es Tradition, während der Meditation Tee zu trinken, um sich zu erfrischen. Diese Legende zeigt nicht nur,
welchen Einfluss Bodhidharma immer noch hat, sondern
auch, wie engagiert Bodhidharma war. Diese Strenge findet
sich in allen Zen- und Shaolin-Gruppen.
Bodhidharma erklärte selbst sehr gut, was Zen eigentlich ist:

An nichts zu denken, ist Zen. Hast du dies erst einmal
erkannt, ist alles Zen; selbst gehen, stehen, sitzen

oder hinlegen.

Bodhidharma (Red Pine, 1987)

Ein anderer Zen-Meister erklärt es ein bisschen anders:

Buddhismus bedeutet: „kein Ich" und „nichts zu gewinnen". Du solltest eins werden mit dem Universum und dem Leben.

Kôdô Sawaki (Sawaki, 2005)

Zen-Meister benutzen jedoch auch häufig irrationale
Argumente, um Zen zu erklären. Die beiden oben stehenden Zitate gehören eher der rationalen Art an. Bodhidharma behauptete, dass wir unseren Geist besiegen müssten,
der oft wie ein Affe oder ein Pferd reagiere. Der Geist
eines Affen springt ohne Kontrolle von einem Thema zum
anderen. Der des Pferdes bewegt sich ohne Nachdenken
vorwärts. Denn nur ohne Affen und Pferde in unseren Köpfen können wir den Zen-Geist entwickeln. Es besteht keine
Notwendigkeit, über unangenehme Manager, unbezahlte
Rechnungen oder den Idioten am anderen Schreibtisch,
der gerade eine Reihe fehlerhafter Codes abgeliefert hat,
nachzudenken.

Sawaki Roshi lehrt, dass es kein „Ich" gibt und nichts zu
gewinnen. Unsere Gedanken führen uns in die Irre. Warum

wollen wir schon wieder ein neues Auto, wenn das alte noch funktioniert? Wird uns das neue wirklich glücklicher machen? Wird das Leben besser, wenn wir ein neues Auto fahren? Wollen wir jemanden damit beeindrucken?

Zen ist ein Spiegel unserer selbst. Wenn Sie Zen-Meditation praktizieren, werden Sie einen Weg zu sich selbst finden. Sie werden wieder mit beiden Beinen auf dem Boden stehen und sich nicht länger um all den Unsinn kümmern, der uns umgibt.

In der Vergangenheit gab es Leute, die sogar glaubten, Zen-Mönche könnten fliegen. In einigen japanischen Filmen kann der Zuschauer sehen, wie meditierende Mönche sich vom Boden erheben. Wenn Sie Kôdô Sawaki fragen würden, was Zen Ihnen geben kann, würde er antworten:

Zen gibt Ihnen gar nichts.

Kôdô Sawaki (Sawaki, 2005)

Andere Zen-Meister hingegen würden vielleicht antworten: Sicher, mit Zen können Sie fliegen. Obwohl sie sich sehr wohl der Tatsache bewusst sind, dass echtes Fliegen für den Menschen anatomisch unmöglich ist. Das Problem mit Zen ist, dass man es als Ganzes nicht verstehen kann, wenn man versucht, es rationell zu erklären. Im Zen geht es nicht darum, mit logischen Denkprozessen das Leben zu verbessern. Es geht darum, von eigenen Wünschen und

Begehrlichkeiten abzulassen und das Leben ohne sinnlose Ablenkungen zu verbringen. Zen lässt einen im Jetzt leben, denn es besteht kein Grund, auf das Morgen zu warten. Die Philosophie dahinter mag einem an mancher Stelle ziemlich radikal vorkommen. Wenn Sie Ihrem Meister nicht richtig zuhören (oder den falschen Lehrer haben), werden Sie vielleicht irgendwann denken, dass es im Zen darum geht, sich selbst und die Menschheit aufzugeben. Aber das stimmt nicht. Im Zen geht es um Sie. Es gibt Ihnen nichts, wie Kôdô Sawaki sagte, weil Sie bereits alles haben. Zen hilft Ihnen, den Schleier von Ihren Augen zu ziehen, der verhindert, dass Sie den Blick auf etwas anderes richten als sich selbst.

Es ist jedoch sehr schwer, mit Worten zu erklären, was Zen bedeutet. Sie müssen üben, und eines Tages werden Sie vielleicht verstehen, was kluge Männer wie Sawaki Roshi oder Bodhidharma meinten. Zen ist etwas, das Sie erfahren müssen.

und beliebtesten Buddhas, weil er der erste Buddha war, der sich in der Geschichtsschreibung finden lässt. Nach seinem Tod gaben seine Schüler seine Lehren weiter, die später niedergeschrieben wurden.

Es scheint, dass nur die katholische Kirche von dieser ewigen Hölle spricht, während die Bibel selbst lediglich eine zeitlich begrenzte Hölle kennt, nämlich das Fegefeuer. Ich entschuldige mich an dieser Stelle für mein mangelndes Wissen in Bezug auf dieses Thema und überlasse es dem interessierten Leser, sein Wissen darüber zu erweitern.

Zum Buddhismus

In diesem Kapitel erhalten Sie eine Einführung in den Buddhismus. Sie ist kurz und sicherlich nicht vollständig. Während Sie etwas über einige Mythen und Lehren Buddhas lesen, werden Sie auch ein paar persönliche Erfahrungen dazwischen finden. Sie beschreiben, was mir widerfuhr, als ich damit begann, mich mit dem Buddhismus auseinanderzusetzen. Es stimmte mich nachdenklich.

Die Hölle und die Vier Edlen Wahrheiten

Wie bereits erwähnt fällt es leicht, Zen mit anderen Religionen oder Philosophien zu mischen. Im Laufe der Jahre wurde der japanische Zen durch Mythen und Legenden des Shinto und Geschichten aus dem alten Japan angereichert. Es ist nicht immer ganz einfach herauszufinden, welche Geschichten tatsächliche Lehren Buddhas und welche Legenden oder Interpretationen einer Fabel sind.

Ich war ziemlich überrascht, als ich in einem Zen-Buch etwas über die Hölle (Jap: 奈落 Naraku) las. Es fiel mir schwer zu begreifen, wie sich ein Wort, das ich der christlichen Religion zuordnete, mit dem Buddhismus verband. Durch das Lesen weiterer Texte fand ich jedoch heraus, dass sich die buddhistische „Hölle" von der christlichen unterscheidet. Zuerst schockierte es mich zu erfahren, dass

die Hölle nicht der Ort sein sollte, an den man nach dem
Tod zur Strafe geschickt wurde, sondern der Ort, an dem
man geboren wird. Das Leben als Leben in der Hölle? Das
klang seltsam.

Später hat mir mein Sensei[6] Folgendes erklärt.

Siddharta Gautama musste lernen, dass Altern, Krankheit, Tod und Schmerz letztlich zum Leben gehören – es
handelt sich dabei um die Vier Edlen Wahrheiten. Als er
verstand, dass wir alle letztlich den Tod erfahren, fragte er
sich, was das menschliche Streben nach Geld und Macht für
einen Sinn hat. Am Ende spielt es keine Rolle, wer wie viel
Geld besessen hat. Er folgerte, dass es etwas geben musste,
das dieses Leiden beendete. Und das dieses „Etwas" nichts
mit Geld oder Ruhm zu tun hat.

Du stirbst nackt.

Kôdô Sawaki (Sawaki, 2005)

Als Siddharta Buddha wurde, lehrte er uns die Vier Edlen Wahrheiten. Ohne Ausnahme betrachten alle Formen
des Buddhismus dies als eine Grundüberzeugung.

1. Man muss verstehen, dass zu leben, zu leiden bedeutet (Dukkha Sacca). Es ist eine Erkenntnis unseres

---

[6]Ein Sensei ist eine Art Lehrer. Sie können mehr darüber im
Abschnitt Lehrer und Schüler lesen.

Daseins: Wir wissen jetzt, dass wir nie zufrieden sein werden, und deshalb werden wir leiden.

2. Die Ursachen für unser Leiden sind Gier, Hass und Verblendung (Samudaya Sacca). Wo existieren sie? In unserem eigenen Geist und dem, wonach wir verlangen.

3. Das Leiden wird verschwinden, wenn die Ursachen verschwinden. Man muss die Ursachen des Leidens (Nirodha Sacca) überwinden. (Das ist wie die Behebung eines Systemfehlers, um danach über eine funktionierende UI zu verfügen.)

4. Der Achtfache Pfad wird uns dazu bringen, das Leiden zu überwinden (Magga Sacca). Dies ist eine praktische Methode, die Probleme des Geistes zu lösen.

Denken Sie an Ebenezer Scrooge, den gierigen alten Mann aus Charles Dickens „A Christmas Carol". Ebenezer war kein glücklicher Mann, bevor er die Geister der Weihnacht traf. Er hat nie gelacht. Niemand mochte ihn. Und er fürchtete sich ständig davor, arm zu werden. Was anderes als die Hölle kann ein solches Leben sein?

Warum werden die Vier Edlen Wahrheiten in einem Buch für Programmierer erwähnt? Weil wir wie alle anderen leiden. Wir erleben unsere eigene Hölle, wenn wir ins Büro gehen. Wir wollen den nächsten großen Job oder fürchten uns davor, in einem Projekt zu versagen. Vielleicht versuchen wir auch, mehr Geld aus unseren Kunden herauszuquetschen, weil sie uns dringend brauchen.

Man könnte sagen, dass wir alle in der Hölle leben. Aber zum Glück gibt es einen Ausweg: den Achtfachen Pfad. Wir werden noch dazu kommen.

Der Gadget-Geist

Ein anderer Begriff, den Sie häufig in der Zen-Literatur finden können, lautet „Geist" (im Sinne eines Wesens); zum Beispiel „hungrige Geister". Diese Geister sind in China sehr bekannt, wo man daran glaubt, dass die Toten zu ihren Häusern und Familien zurückkehren – hungrig, wie der Name vermuten lässt. Die Nachfahren in China bieten den Besuchern Speisen und Getränke während des „Fests der hungrigen Geister" an.

In Japan gibt es zwei Arten von Geistern, Gaki (餓鬼) and Jikininki (食人鬼). Sie teilen viele Eigenschaften mit den persischen Ghouls oder dem, was in westlichen Filmen als Zombies bezeichnet wird.

> Wisse, ehrwürdiger Herr,
>
> dass ich ein Jikininki bin - einer der sich von menschlichem Fleisch ernährt.
>
> [...]
>
> Und wegen dieser Unfrömmigkeit wurde ich wiedergeboren, unmittelbar nach meinem Tode, und kam als Jikininki wieder.

Seitdem war ich gemüßigt, mich am Fleisch der Lei-
chen zu nähren, von den Leuten die in diesem Bezirk
starben.

Lafcadio Hearn (Hearn, 1904)

Mir wurde gesagt, dass ein hungriger Geist nicht unbedingt tot sein muss. Dieser Begriff kann auch auf lebende
Menschen angewandt werden. Hungrige Geister sind gie-
rige Menschen, die in ihrer eigenen Hölle leben.
Wenn Sie Ebenezer Scrooge sind, haben Sie Glück. Als
fiktiver Charakter ist es einfach, Ihr Problem zu beheben.
In der Wirklichkeit ist es nicht so einfach. Fragen Sie sich:
Was verursacht Ihr Leid? Welche Geister leben innerhalb
und außerhalb von Ihnen und welcher Art ist die Hölle, in
der Sie existieren? Die Karrierehölle? Die Selbstwertgefühl-
hölle?
Ich habe natürlich auch meine eigene Hölle. Einmal
wollte ich zum Beispiel dringend einen neuen Tablet-Computer.
Ich brauchte ihn nicht. Ich benötige Nahrung, Wasser und
einen sicheren Platz zum Schlafen. Aber mein bester Freund
bekam einen, und der gefiel mir. Plötzlich wollte ich ebenfalls einen. Pech nur, dass mir zu dieser Zeit das Geld
fehlte. Warum war ich so ein armer Kerl ohne das Geld,
das ich für diesen Computer benötigt hätte? Warum sieht
es manchmal so aus, als würde jeder ein besseres Leben
führen als ich?
Ich nenne den Geist in mir den „Gadget-Geist". Da ich

ihn identifiziert habe, kann ich auch mit ihm leben. Ich
weiß, dass ein Tablet meine Zeit fressen würde und ich
ohne es wahrscheinlich über mehr Zeit verfüge, mein Essen
zu genießen.

Machen uns die Geister aber nicht auch zu Menschen?
Sicher tun sie das! Und wir wissen, dass Menschen leiden.
Sie entscheiden, ob Sie das Leiden akzeptieren oder ob Sie
es beenden möchten. Sie müssen sich nicht aller Wünsche
entledigen, um ein besserer Programmierer zu werden.
Aber es hilft Ihnen, über Ihre Geister nachzudenken.

Einige von uns wollen leiden. Leiden ist für manche
Menschen zur Gewohnheit geworden. Manchmal haben sie
einfach nur Angst vor der Veränderung – sie bevorzugen
den Teufel, den sie kennen. Statt damit zu beginnen, ihre
Situation zu verändern oder zu akzeptieren, bleiben sie
einfach in ihrer Stimmung – und damit in ihrer Hölle. Für
Menschen ist es notwendig, von Zeit zu Zeit zu leiden. Wir
können es uns erlauben, hin und wieder zu leiden. Aber es
kommt auch eine Zeit, da müssen wir das Leiden beenden
und gegen es vorgehen. Wir müssen verhindern, dass das
Leiden zur Gewohnheit wird.

Natürlich können wir auch nicht immer glücklich sein.
Glück und Leid kommen und gehen. Wir müssen ein Gleichgewicht zwischen Leid und Glück finden: den Mittelweg.
Über die eigenen Geister Bescheid zu wissen, wann man
sie genießen und wann man sie besiegen muss, wird Ihnen
helfen, Ihre Balance und Ihren persönlichen Mittelweg zu
finden.

Zen-Mönche bevorzugen es aus einem guten Grund,

arm zu bleiben – sie wollen ihr Leiden und den Kreis von Tod und Geburt beenden. Sie müssen sich jedoch selbst entscheiden, wie weit Sie gehen wollen.

Der Achtfache Pfad

Buddha sagte, wir müssen dem Achtfachen Pfad folgen, um das Leiden zu beenden. Es ist mehr oder weniger eine Anleitung, wie Sie Ihr Leben richten können. Der Achtfache Pfad kann nicht mit den Zehn Geboten verglichen werden. Sie sind keine Gebote; sie sind Prinzipien, denen Sie folgen können, wenn Sie möchten. Es gibt kein „Muss". Sie können sich diese Empfehlungen annehmen oder nicht. Sie werden nach dem Tod nicht dadurch bestraft werden, dass Sie in die Hölle kommen.

Wenn Sie sich entscheiden, Ihr Leiden zu verringern, dann ist es von Vorteil, dem Achtfachen Pfad so weit wie möglich zu folgen. Es ist kein fester Weg mit „Dos" und „Don'ts". Buddha sagte, sein Weg sei der mittlere Weg, und als solcher kann der Achtfache Pfad gesehen werden.

Ich möchte hier einen kurzen Überblick über diesen Weg geben, da ich das für entscheidend halte, um Zen zu verstehen. Es hilft uns bei unserer täglichen Arbeit im Büro und im Allgemeinen. Meine Auslegung dient hauptsächlich der Anwendung durch Programmierer und ist als solche reduziert. Ich arbeite nicht alle Aspekte des Wegs heraus, das wäre die Arbeit der Zen-Priester. Ich möchte auch keine wissenschaftliche Debatte über „die vier verschiedenen Formen des Denkens" beginnen, denn das würde letztlich dazu führen, dass ich die buddhistische Sicht mit dem Wissen vergleichen würde, das ich an der Universität gewonnen habe, als ich Psychologie studierte. Das ist nicht der Zweck dieses Buches. Wenn Sie mehr über den Achtfachen Pfad lesen möchten, verweise ich Sie auf „The Buddhism Primer". (Dhammasaavaka, 2005)

Der rechte Blick

Der Kern des rechten Blickwinkels ist es, die Vier Edlen Wahrheiten zu verstehen. Nicht nur in der Theorie, sondern vom Grunde Ihres Herzens. Es bedeutet, Sie verstehen die Dinge, wie sie sind, nicht wie sie vorgeben zu sein. Es bedeutet, dass Sie verstehen, warum und wann Sie leiden und wie Sie Ihre Probleme beheben können.

Dies kann sehr unterschiedlich interpretiert werden. Obwohl der „rechte Blick" ziemlich abstrakt klingt, ist dieser Punkt von großer Bedeutung.

Ein Beispiel: Während Paul an einem Code schreibt, kommt Mike ins Büro und zeigt ihm sein neues Smartphone. Bald versammelt sich eine ganze Gruppe Leute um die beiden herum. Das Telefon besitzt einen faszinierenden neuen Bildschirm und ist das neueste Modell. Niemand weiß, wie Mike an das Telefon gekommen ist, denn es steht noch nicht zum Verkauf. Es ist außerdem sehr teuer, nur wenige Menschen können es sich leisten. Als Vater von zwei Kindern verfügt Paul sicher nicht über das Geld, um es zu kaufen.

Manche Leute denken in einer solchen Situation vielleicht: Warum Mike? Warum nicht ich? Paul ist einer von ihnen, aber mit dem rechten Blick wird er erkennen, dass leben leiden bedeutet. Das ist ganz natürlich. Selbst wenn Paul solch ein Telefon bekommen würde, wäre das Leiden nicht zu Ende. Neue Probleme würden entstehen. Der Besitzer dieses Telefons muss es vor Dieben schützen. Paul weiß im Grunde auch, dass es keine Rolle spielt, ob er es besitzt oder nicht. Er kann damit beginnen, sein Leiden zu überwinden und stattdessen Mike zu seinem neuen Schmuckstück gratulieren, der ihm möglicherweise im Gegenzug verrät, wie er daran gekommen ist.

Ein weiteres Beispiel: Paul verlässt das Büro erst um 2 Uhr morgens, weil er ein Problem beheben muss. Er liefert eine Bugfix-Version an seine Kunden nach 17 Stunden Arbeit. Ein Bier und eine Dusche später fällt er erschöpft ins Bett. Am nächsten Tag ist er wieder um 10 Uhr im Büro, eine Stunde später als üblich, und beginnt den Tag mit dem Gespräch mit Mike über dessen neues Telefon. Als Paul zu seinem Schreibtisch zurückkehrt, erwartet ihn eine sehr aggressive E-Mail seines Chefs Joe. Damit nicht genug, ein paar Minuten später erscheint Joe auch an seinem Schreibtisch, um ihn anzuschreien.

Joe ist wütend, dass Paul zu spät ist, und hält ihn für faul. Er teilt ihm mit, dass andere seinen Job sicher gern übernehmen würden. Daraufhin erklärt Paul, er habe bis 2 Uhr im Büro gearbeitet und ein großes Problem gelöst. Doch Joe kümmert das nicht. Um 9 Uhr soll jeder im Büro sein. Er schreit. Immerhin ist es nach Joes Meinung auch Pauls Schuld, da er einen solchen fehlerhaften Code geschrieben hat, der durch Überstunden behoben werden muss. Wenn Paul nicht immer den Dress-Code brechen oder sich durch seinen MP3-Player ablenken lassen würde, würden diese Probleme nicht entstehen.

Leider ist dies eine wahre Geschichte. Ich saß neben Paul. Er war ein sehr netter Kerl und konnte nicht einmal auf Joe reagieren, obwohl die ganze Situation absolut unfair war. Schließlich entschuldigte sich Paul und versprach, eine Stunde länger an diesem Tag zu arbeiten.

Der rechte Blickwinkel bedeutet nicht, das Verhalten von Joe zu ertragen. Aber es bedeutet, die Situation zu betrachten und zu verstehen, warum etwas passiert. Wieso war Joe so unfair?

Er kämpfte hart, um das Unternehmen am Laufen zu halten. Er akzeptierte Low-Budget-Projekte, bezahlte seine Mitarbeiter aber immer gleich. Dies führte zu unglaublichem Zeitdruck und Fluktuation der Mitarbeiter. Joe verfügte nicht über die Zeit, um über seine Probleme nachzudenken, und fuhr damit fort, während die Situation in der Firma von Tag zu Tag schlimmer wurde. Jede Nacht, wenn er sich schlafen legte, hatte er den Kopf voller Sorgen. Und dann kommt sein Mitarbeiter später als üblich ins Büro, weil er ein Problem gelöst hat, das er ursprünglich verursachte. Der Kunde ist froh über das Beheben des Fehlers, aber was wird er denken? Dass das Unternehmen nur Verlierer beschäftigt? Mehr Sorgen! Eigentlich sollte der Programmierer dieses Problem und die zusätzliche Belastung nicht verursacht haben. Da es Joe am rechten Blick mangelt, kann er nicht anders handeln und führt die

Sorgen auf die scheinbare Ursache seines Problems zurück.

Vielleicht liege ich falsch mit meiner Interpretation, da Geschichten aus der realen Welt oft komplexer sind, als sie auf den ersten Blick scheinen.

Mit dem rechten Blick würde Paul verstehen, warum sein Chef so reagiert hat. Dieser Blick sagt uns, dass es mehr als nur eine Ansicht gibt (in diesem Fall wahrscheinlich, dass Joe ein Idiot ist). Paul verfügt in dieser Situation leider auch nicht über den rechten Blickwinkel. Er hatte große Angst davor, seinen Job zu verlieren, und glaubte, er habe etwas furchtbar falsch gemacht und Joe hätte recht, auch wenn ihm andere versicherten, dass das nicht der Fall war.

Bitte denken Sie daran, dass der „rechte Blick" nicht mit dem „korrekten Blick" zu verwechseln ist. Er hätte Paul lediglich gezeigt, dass es keine Notwendigkeit dafür gab, in dieser Situation zu leiden. Stattdessen hätte er ihm geholfen, Fakten zu vergleichen und eine komplette Situationsanalyse zu erstellen und schließen mit „falsch" oder „richtig" zu schlussfolgern. Da es aber kein „falsch" oder „richtig" gibt, kann man nicht wissen, ob Sie den „korrekten Blickwinkel" besitzen.

Es ist eine komplizierte Angelegenheit.

Die rechte Absicht

Die rechte Absicht beschreibt die Art und Weise, wie wir Dinge tun. Buddha lehrte uns, dass wir unsere Taten ohne unsere Wünsche ausführen müssen. Wir sollten guten Willen zeigen und Wut widerstehen. Wir sollten nicht grausam oder aggressiv handeln oder anderen Schaden zufügen.

Als Paul an Mikes Schreibtisch kam, um über dessen neues Handy zu reden, schien das völlig in Ordnung zu sein. Eine nette Unterhaltung ist eine nette Unterhaltung. Die Absicht dahinter könnte allerdings die sein, zu schaden. Vielleicht versuchte Paul ja, an Informationen zu kommen, um dann Unsinn zu verbreiten, wie selbstsüchtig, arrogant und reich Mike sei.

Ihre Absicht beeinflusst Sie, ob Sie nun schlechte Dinge tun oder nicht. Aggressive Gefühle sind ein Ergebnis Ihres eigenen Leidens. Solange Sie Ihre Gefühle nicht korrigieren, können Sie das Leiden nicht beenden. Wenn Sie in falscher Absicht handeln, schaden Sie nicht nur anderen, sondern auch sich selbst.

Wenn Sie Code mit Aggression schreiben, laufen Sie Gefahr, Fehler zu begehen. Es ist schmutziger Code. Negative Gefühle kosten Sie Verarbeitungszeit in Ihrem Gehirn. Wenn ein Zen-Programmierer Code schreibt, schreibt er nur Code. Wenn sein Geist jedoch durch Aggression abgelenkt ist, kann er nicht nur Code schreiben.

Wenn Ihre Absichten schlecht sind, müssen Sie Ihre Probleme lösen, bevor Sie an die Arbeit gehen. Fügen Sie den rechten Blickwinkel hinzu oder versuchen Sie, mit jemandem zu sprechen.

Ein anderes, etwas subtileres Beispiel.

Als ich einmal meditierte, hörte ich etwas aus dem Raum nebenan. Offenbar hatte meine Frau einen kleinen Unfall, denn nach einem Geräusch hörte ich sie fluchen. Ich hätte nun auf zweierlei Weise reagieren können. Ich hätte aufstehen und fragen können, ob sie Hilfe benötigte. Oder ich hätte die Meditation als wichtiger erachten können und einfach weiter geübt.

In diesem Moment erinnerte ich mich an eine Geschichte von Jiho Sargent (Sargent, 2001). Sie versuchte, an einem einsamen Ort zu meditieren. Aber die Vögel störten ihre Konzentration. Darüber wurde sie wütend und schloss das Fenster, aber der Lärm hielt an. Da erkannte sie, dass die Vögel Bestandteil ihrer Übung waren.

Meine Frau ist ein Teil meiner Übung. Wenn jemand Hilfe braucht, ist es unmöglich, zu meditieren, weil Ihre Absicht nicht richtig wäre. Ihre Übung wird schmutzig. Zen ist Übung und kann nicht allein hinter Klostermauern geschehen. Zen hat seinen Platz in der realen Welt, und das bedeutet, es gibt Vögel und Menschen, die Ihre Hilfe brauchen.

Ich half meiner Frau und erwarb ein „Dankeschön". Meine Übung wurde nicht zu sehr unterbrochen, und ich konnte sie mit einem klaren Geist fortsetzen.

Denken Sie an diese Geschichte, wenn Sie versuchen, Zen-Programmierung im Büro auszuüben. Sie müssen mit der realen Welt verbunden bleiben und können andere nicht dauerhaft ignorieren. Es ist normalerweise keine gute Idee, Kaffee zu trinken, wenn das Team in Schwierigkeiten ist. Es ist auch nicht gut, zu glauben, dass die Zen-Übungen wichtiger sind, als anderen zu helfen, wenn sie Hilfe benötigen.

Die rechte Rede

Buddha wusste, dass die falschen Worte Krieg, Verzweiflung und Kummer verursachen oder Feinde schaffen können. Er sagte uns, wir sollten die Wahrheit sprechen, auf
freundliche und warme Art und Weise. Außerdem riet er
uns, dass wir nur sprechen sollten, wenn es notwendig sei.

In dem bekannten Blog-Post „Die 10 Regeln des Zen-
Programmierens" habe ich geschrieben:

> Halt die Klappe.

Dies bezieht sich auf die rechte Sprache. Außerdem
glaube ich, man sollte versuchen, anderen nicht auf die
Nerven zu fallen. Der Grund dafür ist sehr offensichtlich.
Stellen Sie sich einen Kollegen vor, der immer alles, was
Sie sagen, in einer Teambesprechung kommentiert.

Aus dem Dhammapada (Buddha, 1986):

> Bhikkhus![a] Ein Bhikkhu muss Kontrolle über seine
> Zunge haben; sein Benehmen muss gut sein; sein
> Geist ruhig, gezähmt und nicht flatterig, wenn dieser
> erfreut wird.
>
> Buddha

---

[a]Buddhas Anhänger wurden früher Bhikkhu ge-

nannt; heutzutage könnte man den Begriff als „Mönch"
übersetzen.

Auch aus dem Dhammapada, Buddha fährt fort:

> Der Bhikkhu der seinen Mund kontrolliert (seine
> Rede), der Weise spricht mit einem gelassenen Geist,
> der Bedeutung und Text des Dhamma erklären kann
> - süß sind die Worte dieses Bhikkhu.

Buddha

In der heutigen Welt ist es sehr schwierig, den Mund
zu halten. Soziale Netzwerke geben uns die Chance, alles
zu jeder Zeit zu kommentieren. Unsere Gedanken gehen
in wenigen Minuten um die ganze Welt. Manchmal kommentieren
wir oder „+1" ein Foto, das wir nicht länger
als eine Sekunde betrachtet haben. Wir klicken auf den
„like"-Button viel schneller, als wir denken. Wir machen
uns keinen Kopf um die Auswirkungen unseres Handelns.
Heutzutage sind wir von einer Menge Unsinn umgeben,
den wir wirklich nicht benötigen.

Wenn wir alle die „rechte Rede" anwenden würden,
wenn wir mit sozialen Netzwerken arbeiten, würden wir
nicht so oft lesen müssen, dass jemand mit dem Hund
rausgehen muss, einen schlimmen Kater hat oder sein

Frühstück nicht mochte.

Worte können das Leben anderer ruinieren – geschrieben oder gesprochen. Zumindest können sie Gefühle verletzen und Feinde schaffen. Sie müssen mit Bedacht prüfen, was Sie sagen oder schreiben. Wenn Sie das bei der Arbeit tun, werden Sie das Büro als viel freundlicheren Ort empfinden.

Die rechte Rede bedeutet:

- sprich die Wahrheit und lüg nicht,
- vermeide trennende Sprache: vermeide rohe Worte, benutze stattdessen eine sanfte Sprache,
- vermeide ausfällige Rede: keine Verleumdung, fördern Sie Freundlichkeit und Einheit,
- halten Sie sich fern von Geschwätz.

Auch wenn Ihr Projekt in Schwierigkeiten steckt, werden Sie feststellen, dass freundliche Worte dabei helfen, unmotivierte und frustrierte Menschen in fleißige positive Denker zu verwandeln, die gern dabei helfen, Probleme zu lösen.

Buddha sagte, dass wir die Wahrheit sprechen sollen.

Wie weit sollte das gehen? Wenn Sie mit Immanuel Kants „Metaphysik der Moral" (Kant, 2004) vertraut sind, wissen Sie, warum ich das frage. Kants „Kategorialer Imperativ" bringt folgendes Dilemma auf den Tisch:

Ein Mörder klopft an der Tür. Er vermutet, dass sein Opfer ein Gast Ihres Hauses ist und fragt nach ihm. Wenn Sie über seine mörderischen Absichten Bescheid wüssten, was würden Sie antworten? Lügen und den Tod Ihres Gastes vermeiden? Oder würden Sie die Wahrheit sagen?

Kant meint, wir sollten die Wahrheit sagen und dem Mörder von unserem Gast erzählen. Wenn Sie lügen, wird der Begriff „Wahrheit" wertlos. Die Frage ist, ob Sie des Mordes schuldig wären? Wer weiß das schon, sagt Kant. Wenn Sie lügen, könnte der Mörder Sie ebenfalls töten, wenn er es herausfindet. Noch schlimmer, heutzutage könnte er sein Opfer in der Londoner U-Bahn finden und es dort töten, wobei möglicherweise noch mehr Menschen zu Schaden kommen. Kant würde Sie dafür verantwortlich machen, wenn Sie lügen. Da wir nicht wissen, was die Zukunft bringt, empfiehlt uns Immanuel Kant, immer die absolute Wahrheit zu sagen.

Ich kann nicht sagen, ob Gautama Buddha den kategorialen Imperativ vor Hunderten von Jahren beschrieb. Wir Programmierer geraten hoffentlich nicht in solche Situationen, in denen es um Leben und Tod geht.

Schlechte Rede kann noch viel schlimmer werden als Kants Dilemma:

> Accipere fidem est voluntatis, sed tenere fidem iam acceptam est necessitatis.
>
> Thomas Aquinas

Das bedeutet in etwa:

Having faith is voluntary, but keeping to that faith is necessary.

Thomas Aquinas

Thomas von Aquin sagte, dass wir unseren Glauben frei wählen können. Aber wenn wir uns entschieden haben, müssen wir dabei bleiben. Er begründete damit die Todesstrafe für Ketzer. Mit seiner Rede gilt er als die Ursache der Inquisition, die Tausende tötete.

Ein Beispiel aus unserer Zeit: Stellen Sie sich vor, ein Programmierteam will ein Produkt an seine Kunden abliefern. Bevor es dazu jedoch in der Lage ist, geht etwas mit den automatisierten Unit-Tests schief. Der Code sieht gut aus, aber das Build-System selbst scheint kaputt zu sein. Es ist nicht einfach, herauszufinden, was passiert ist, weil alle im Team den gleichen Zugang zum System haben. Und niemand legt seine Hand dafür ins Feuer, ob es nicht vielleicht doch tatsächlich am Code liegt. Somit muss zunächst das Problem gefunden werden, bevor die Auslieferung erfolgen kann. Angela und Tom werden gebeten, das Problem zu beheben. Das Thema wird heiß, und nach einer Weile erzählt Tom Angela, dass er das Problem vielleicht am Tag zuvor verursacht hat. Er bittet sie, niemandem davon zu erzählen, weil er Angst hat, seinen Job zu verlieren. Angela stimmt zu, und gemeinsam sind sie in der Lage, das Problem mit Toms Hinweisen zu beheben. Später kommt

ihr Chef zu Angelas Schreibtisch und fragt nach der Ursache
des Problems. Er sieht sehr wütend aus.

Was sollte Angela sagen?

Ich denke, es gibt keine gute Antwort. Auf der einen
Seite hat Angela Tom versprochen, nichts zu sagen, auf der
anderen Seite sollte sie die Wahrheit erzählen. Vielleicht
ist die beste Antwort, dass sie die Person zwar kennt, die
für das Problem verantwortlich ist, aber den Namen wegen
eines Versprechens nicht nennen kann. Ich könnte mir
allerdings vorstellen, dass ihr Chef darüber sehr wütend
wird.

Software-Projekte bestehen heutzutage nicht nur aus
Code, wie viele Menschen denken. Sie bestehen aus einer
Menge Kommunikation. Die „rechte Rede" ist von entschei-
dender Bedeutung für jeden Teilnehmer des Projekts.

Die rechte Handlung

Das zweite ethische Prinzip, die rechte Handlung,
beinhaltet den Körper als natürliches Mittel des Aus-
drucks, weil es sich auf die Taten bezieht, die mit dem
Körper ausgeführt wurden. Ungesunde Taten führen zu einem ungesunden Geisteszustand, während
gesunde Taten zu einem gesunden Geisteszustand
führen.

Dhammasaavaka (Dhammasaavaka, 2005)

Wenn Sie die falschen Dinge tun, wird es Ihnen Ihr
Geist schwer machen. Wenn Sie gute Dinge tun, entspannt
sich Ihr Geist. So einfach ist das.

Buddha sagte, Sie sollten keine Dinge tun, die anderen
Schaden zufügen. Töten oder Selbstmord sind schädliche
Handlungen. Sie sollten nicht nehmen, was Ihnen nicht
gegeben wurde.

Im alten Japan wurden Mord und Selbstmord anders
betrachtet als heute. Es gibt da eine eindrucksvolle Geschichte aus dem 18. Jahrhundert, sie heißt die *47 Ronin*
(Mitford, 2005).[7]

Wenn ein Daimo (ein Feudalherr) starb, wurden die
Samurai unter seinem Kommando führerlos und ab diesem
Zeitpunkt „Ronin" genannt. Im 18. Jahrhundert tötete der
Zeremonienmeister Kira Yoshinaka mit einem Trick den
Daimo Asano: Kira behandelte ihn so schlecht, dass Asano
Kira mit seinem Dolch verletzte. Da dies verboten war,
wurde er zum Tode verurteilt. Dreihundert Samurais von
Asano wurden zu Ronin. Und siebenundvierzig von ihnen
planten die Rache für über zwei Jahre. Schließlich griffen sie
Kiros Schloss an und töteten viele seiner Männer und auch
ihn selbst. Der Bushido[8] empfiehlt diese Aktion, aber die
Shogunate verboten Rache dieser Art, und so wurden die

---

[7]

A. B. Mitford berichtete von diesem Ereignis 1871. Sein aus-
gezeichnetes Buch ist immer noch erhältlich und auch als
Google Book zu finden.

[8] Bushido war das Regelwerk, nach dem japanische Krieger lebten. Es folgte einem strengen moralischen Kode.

Ronins zum Selbstmord verurteilt. Sie wussten, was von ihnen erwartet wurde und töteten sich – und das ist das Ende der Geschichte. In Japan wurden die 47 Ronin für ihre Treue berühmt und sind für viele Menschen ein Vorbild.

Aus ihrer Sicht haben die Ronin recht gehandelt. Wie die Legende erzählt, hatten sie keine Angst vor ihrem selbstmörderischen Tod. Sie behielten eine ruhige Stimmung, auch in den letzten Momenten. Wäre einer von ihnen nicht von der Handlung überzeugt gewesen, wäre die Geisteshaltung ungesund. Die Handlung könnte man auch nicht als „rechte Handlung" in Buddhas Sinne verstehen.

In einem Software-Projekt müssen wir die ganze Zeit über die richtigen Maßnahmen ergreifen.

Es ist einfach, aus einer riesigen Code-Basis Dateien zu entnehmen, zu modifizieren und als eigene Arbeit zu publizieren. Und das, obwohl bei einem großen Projekt normalerweise immer Teams daran arbeiten und die Rechte am Code beim Auftraggeber liegen. Es ist einfach, so etwas zu tun, und manchmal erscheint es uns „richtig". Denn oft bearbeiten wir das gleiche Problem mehrfach. Trotzdem ist es nicht unbedingt die „rechte" Handlung, auch wenn es letztlich niemand mehr nachvollziehen kann.

Manchmal müssen wir soziale Netzwerke für unsere Arbeit nutzen, aber das ist selten. Wenn wir soziale Netzwerke als unsere Freizeit betrachten, stiehlt die Beschäftigung damit unsere Arbeitszeit. Es sind nur ein paar Minuten, oder? Als Argument für das Surfen in sozialen Netzwerken wird häufig die Entspannung des Geistes zwischen zwei schweren Programmieraufgaben vorgebracht.

Es ist zwar richtig, dass wir keine Kodiermaschinen sind, aber deshalb ist es noch lange nicht die rechte Handlung, diese Netzwerke zu durchsuchen. Es ist wie das weitere Beladen eines bereits überladenen Gehirns. Ein Spaziergang durch das Bürogebäude oder das Starren aus dem Fenster sind viel entspannender und von Vorteil für Sie und Ihren Arbeitgeber.

Rechtes Handeln fasst im Grunde das zusammen, was oft als „Code of Conduct" in vielen Unternehmen bezeichnet wird. Er ist da, um die Menschen davor zu schützen, von anderen verletzt zu werden. Denn andere zu verletzen, ist nicht gut. Das ist der Grund dafür, warum Sie recht handeln sollten. Das gilt nicht nur für das gelegentliche Stehlen von Source Code. Es gilt auch für sexuelle Belästigung oder Diskriminierung.

Der rechte Lebensunterhalt

Man sollte in einer Weise leben, die anderen Menschen nicht schadet. Die Arbeit als Metzger oder die Tätigkeit in der Fleischproduktion, der Verkauf von Alkohol, Drogen, Sklaven oder Tieren schadet, ebenso wie das Handeln mit Waffen.

Das klingt, als wären wir fein raus als Programmierer. Aber vergessen Sie bitte nicht, dass Sie vielleicht für ein Unternehmen arbeiten, das mit Waffen handelt oder Alkohol oder Fleisch in seinem Online-Shop verkauft. Wenn Sie eines Tages ein Buddhist werden wollen, müssen Sie die Kunden überdenken, für die Sie arbeiten. Heutzutage ist es ziemlich einfach, Geld mit den falschen Dingen zu verdienen.

Die Leser dieses Buches sind wahrscheinlich keine Buddhisten, sondern nur an der Ansicht eines anderen Programmierers zu Zen interessiert. Die gute Sache ist, im Zen müssen Sie Ihre Handlungen nur vor sich selbst rechtfertigen, und die Empfehlungen Buddhas sind nicht die Zehn Gebote.

Dennoch sollte ein Programmierer nur an Software-Projekten arbeiten, die mit seiner persönlichen Ethik konform gehen. Wenn Sie Zweifel an einem Projekt hegen, sollten Sie es nicht tun. Zum Glück ist es für die meisten Programmierer in reichen Ländern leichter, „nein" zu sagen, weil es einfacher ist, einen neuen Job zu finden. In ärmeren Ländern oder in eher kollektiv denkenden Gesellschaften ist das schwieriger. Im ersten Fall brauchen Sie das Geld und sind froh, überhaupt einen Job zu haben. Im zweiten setzt Sie die ganze Gesellschaft unter Druck, und Sie haben möglicherweise keine Wahl.

Ich bin in der glücklichen Lage, in einem reichen Land zu leben, in dem ich „nein" sagen kann, und das habe ich in der Vergangenheit auch schon gemacht. Ich weigere mich, für Kernenergieunternehmen zu arbeiten, und Unternehmen, die dafür bekannt sind, die Umwelt zu schädigen. Ich sage auch streng „nein" zu militärischen Unternehmen. Doch ich helfe gern meinem Freund mit seiner Webseite, der Apfelwein importiert, auch wenn es aus buddhistischer Sicht nicht empfohlen ist, Alkohol zu trinken. Es ist eben eine Frage Ihrer eigenen Moral.

Oft können nur Sie allein entscheiden, ob Sie ein Projekt

akzeptieren oder nicht. Manchmal sind Sie in der Lage, ein
paar Kilo Reis zu greifen und weiterzulaufen. Manchmal
können Sie das nicht und müssen sich mit der Situation
abfinden. Auch Zen-Meister Kôdô Sawaki stieß auf dieses
Problem, als er gezwungen wurde, während des Russisch-
Japanischen-Krieges im Militär zu dienen.

Überlegen Sie zweimal, bevor Sie Projekte akzeptieren,
die Ihrer Ethik nicht entsprechen. Wenn Sie glauben, dass
Sie das Geld brauchen, beachten Sie bitte, dass Sie langfristig Glück verkaufen. Geld von Projekten anzunehmen, die
Sie als unethisch betrachten, nährt nur die Flammen Ihrer
persönlichen Hölle.

Das rechte Bemühen

Negative Energien im Geist können zu Aggressionen, Frustration, Gewalt und anderem führen. Der Achtfache Pfad
sagt, wir sollten Aufwand bei der Bildung und Pflege
heilsamer Zustände des Geistes betreiben. Wir sollten negative Zustände meiden. Mit anderen Worten: Ändern Sie
Ihr Denken. Sie entscheiden, ob Ihr Tag ein guter oder
schlechter wird.

Der Geist kann leicht in einen negativen Zustand geraten.

Ein Beispiel: Möglicherweise vergisst Jons Chef, dass
Jon Junior Programmierer ist und direkt von der Universität kommt. Vielleicht wirft er Jon eines Tages Dinge vor, die
ein anderer getan hat. Bevor die Situation aufgeklärt werden kann, geht Jons Chef nach Hause und hinterlässt ihm
eine Menge Dinge, mit denen sich Jon auseinandersetzen

muss.

Jon kann nun die restlichen Stunden seines Arbeits-
tages wütend und frustriert verbringen. Schließlich nach
Hause gehen und seiner Frau erzählen, was passiert ist.
Selbst mit viel Bier ist sein Abend ruiniert, und seine
Träume werden furchtbar.

Oder er könnte anfangen zu lachen, wenn sein Chef
das Büro verlassen hat. Der Fehler liegt eigentlich auf
der Seite des Chefs. Der Mann scheiterte immerhin darin,
die Situation zu verstehen, bevor er seinen Mitarbeiter
angeschrien hat. Es war unfair, und wenn Jon seinen Job
deshalb verlieren sollte, wäre das ein schlechter Witz.

Lachen würde ihm helfen, wieder eine positive Haltung
zu erlangen. Es gibt nichts, was er in dieser Situation unternehmen konnte. Warum sollte er noch mehr wertvolle Zeit
damit verschwenden? Noch schlimmer, Jons Frau könnte
ebenfalls wütend werden. Wenn Jon Kinder hätte, würden
sie merken, dass etwas schief lief. Es besteht keine Notwendigkeit, Ihren Chef so ernst zu nehmen. Es ist eine traurige
Geschichte über einen Mann, der völlig die Kontrolle verlor.

Erinnern Sie sich an die Geschichte von Mike, der Paul
sein neues Telefon gezeigt hat? Als Paul erkannte, wie
dringend er das Handy besitzen wollte, hätte er sich zu-
rücklehnen, einen tiefen Atemzug nehmen und versuchen
sollen, seine Gedanken unter Kontrolle zu bekommen. Es
besteht keine Notwendigkeit, dieses Telefon zu besitzen –
versuchen Sie sich, von der Annahme zu befreien, dass Sie
etwas Überflüssiges brauchen.

Rechte Bemühung bedeutet, dass Sie die Kontrolle über

Ihren Geist behalten.

Die rechte Achtsamkeit

Die rechte Achtsamkeit hilft Ihnen zu erkennen, was Ihnen
Ihr Körper, Ihr Geist, Ihre Gefühle und die Dinge, die Sie
umgeben, erzählen wollen. Es ist ein bisschen wie das,
was Psychologen als „Selbstbetrachtung" bezeichnen. Die
Fähigkeit, in sich selbst zu schauen und die Dinge so klar
wie möglich zu erkennen. Wenn Sie sich selbst zuhören,
sind Sie nicht nur in der Lage, Ihre Begehrlichkeiten zu
überwinden, sondern auch andere Probleme.

Als Programmierer sind wir oft gezwungen, Überstunden zu leisten. Vielleicht weil der Kunde einen Fehler
in der Produktion gefunden hat, der Tausende Euro pro
Stunde kosten kann. Oder die geplante Veröffentlichung
der neuen Version des Software-Diensts kann nicht erfolgen, was schreckliche Probleme in der Marketingabteilung
verursacht. Oder es steht nur ein geringes Budget für das
Projekt zur Verfügung. Manchmal arbeiten wir für geringe
Budgets und leisten Überstunden in der Nacht, müssen aber
nach einer bestimmten Anzahl von Tagen wieder frei sein.
Das ist keine besonders gute Art zu leben und zu arbeiten,
manchmal jedoch notwendig.

Sie können unter hohem Druck für eine lange Zeit
arbeiten; aber es wird ein Punkt kommen, an dem Sie
ermüden. Sie müssen dieses Gefühl erkennen, wenn es
auftaucht und mit Respekt behandeln. Ihr Körper rät Ihnen,
Ihr Gehirn herunterzufahren und auszuruhen. Natürlich
können Sie die Signale Ihres Körpers für eine Weile ignorie-

ren, aber letztlich führt das zu Krankheit, Depression oder sogar Tod. In Japan gibt es sogar ein Wort für „Tod durch Arbeit". Es lautet „Karoshi" (Jap.: 過労死).

Auch in Zen-Klöstern wartet eine Menge harter Arbeit. Es ist aber eine andere Art, ausgewogener. Man steht früh auf; aber Sie brauchen nicht in einer hektischen und stressigen Umgebung von 6 bis 10 Uhr arbeiten. Mönche konzentrieren sich während des Essens, während der Meditation und sogar während sie auf die Toilette gehen. Manager treffen sich in der Regel zu Geschäftsessen, versuchen Powerlearning während des Schlafs [9] und beantworten SMS-Nachrichten direkt aus dem Badezimmer. Unausgeglichene Menschen ignorieren oft ihren Körper, selbst wenn er mit Neurodermitis, Tinnitus oder ständigen Kopfschmerzen reagiert.

Rechte Achtsamkeit bedeutet, dass Sie sich Ihrer Wünsche und Emotionen bewusst sind. Sich seiner selbst bewusst zu sein, Körper und Geist, hilft dabei, in guter geistiger Verfassung zu bleiben.

Die rechte Konzentration

Unser Geist ist leicht abzulenken. Manchmal gehen wir zur Arbeit und schalten den Computer mit der Absicht an, schnell und effizient zu arbeiten und das Büro früh zu verlassen. Die erste E-Mail mit den neuesten Nachrichten aus der Technologiewelt reicht jedoch oft aus, um unsere Pläne zu ändern. Dann gibt es noch Instant Messaging, die

---

[9]Powerlearning ist eine Methode, mit der man lernt, während man schläft. Sie hören sich einen Audiotrack an, bevor Sie

tägliche Tasse Kaffee und ein nettes Gespräch mit einem
Kollegen. Um 10 Uhr können Sie endlich beginnen, aber
dann tagträumen Sie vom nahe gelegenen Strand. Nach
all dem bleiben Sie im Büro bis 20 Uhr, um Ihre Arbeit
aufzuholen.

Die rechte Konzentration im Buddhismus bedeutet eigentlich nicht konzentrierte Arbeit. Sie bezieht sich auf
Meditation. In der Meditation konzentrieren Sie sich hauptsächlich auf Ihren Atem. Fortgeschrittene Schüler müssen
sich nicht einmal darauf konzentrieren. Wenn Sie meditieren, kommt die rechte Konzentration von selbst. Es wird
Ihnen helfen, Ihren Geist zu konzentrieren, und das macht
Sie frei, verschafft Ihnen Ruhe und Frieden. Viele Menschen
möchten diesen ausgeglichenen Zustand in jeder Situation
Ihres Lebens behalten.

Mit der rechten Konzentration werden Sie in der Lage
sein, Prioritäten besser zu setzen. Sie können den ankom-
menden Newsletter aus Ihrem Kopf streichen. Das kann bis
zum nächsten Tag warten. Nachrichten scheinen ständig
anzuklopfen und auf eine sofortige Reaktion zu warten.
Aber wir sind keine Maschinen. Als Programmierer verfügen wir über ein wertvolles Gut: unsere Konzentration. Wir
können sie nicht kostenlos hergeben. Die Menschen müssen
warten, bis Sie die Zeit finden, um auf solche Nachrichten
zu reagieren.

Rechte Konzentration hilft Ihnen, effizient Ihre Arbeit
zu erledigen und den wohlverdienten Abend am Strand
zu genießen. Auch dort ist sie hilfreich: Sie verdienen den
Strand, und keine Arbeit wird Sie ablenken. Am Strand

liegen, kann auch eine gute Übung sein.

Für mich ist Meditation sehr wichtig. Ehrlich gesagt, hat sie mich gerettet. Sie half mir, wieder mit beiden Beinen auf der Erde zu stehen, als ich kurz davor war, auszubrennen. Kôdô Sawaki war viel glücklicher als ich, ohne Geld, hat aber immer noch sehr hart gearbeitet. Er führte ein gutes Leben, in dem er die Bedeutung der Meditation (Zazen) stets betonte.

Seinetwegen begann ich ernsthaft mit der Meditation. Ich war mir nicht sicher, was ich davon erwarten sollte. Ich habe einfach angefangen, und das war wahrscheinlich das Beste, das ich hätte tun können. Etwas von der Meditation zu erwarten, ist der falsche Ansatz. Beginnen Sie einfach damit.

Mit Meditation trainieren Sie die rechte Konzentration. Während es wie Spaß aussieht, ist es eigentlich sehr harte Arbeit. Vor allem wenn Sie sich zurückziehen und für drei Tage lang meditieren, werden Sie feststellen, wie anstrengend Meditation sein kann. Mit Meditation leeren Sie den Papierkorb des Tages und kehren zum Planeten Erde zurück. Sie beenden das Tagesgeschäft. Es entfernt Sie vom „Arbeitnehmer" und bringt Sie zurück zum „Menschen". Viele Topmanager üben sich in Meditation. Raten Sie mal warum?

schlafen gehen, und am nächsten Tag sollen Sie etwas gelernt haben. Da ich diese Methode nie probiert habe, kann ich nicht sagen, ob sie funktioniert.

Warum
Zen-Programmieren?

Menschen, die pragmatisch und realistisch sind und mit beiden Beinen auf der Erde stehen, nenne ich „Zen-Programmierer". Auch wenn sich die Welt auf den Kopf stellt, sind sie immer noch zuverlässig und freundlich. Es hat im Grunde nichts mit ihrer eigentlichen Religion zu tun. Es ist die Art, wie sie sich verhalten. Das Ziel dieses Buchs ist es, Ihnen zu helfen, Ihre Füße wieder fest auf den Boden zu kriegen.

Es ist nicht leicht, die Art, wie Sie denken, zu ändern. Das kann ein ganzen Leben lang dauern. Ich übe es immer noch und bin weit davon entfernt, sagen zu können: „Ich habe das Ziel erreicht." Wenn Sie über das Ziel nachdenken, haben Sie den Weg ohnehin noch nicht gefunden. Sehen Sie das Ziel als Teil des Weges an. Manchmal verliert man den Weg aus dem Auge, aber Sie werden wieder zurückfinden. Versuchen Sie nicht, der perfekte Wanderer zu sein. Versuchen Sie einfach, dem Weg zu folgen, aber erwarten Sie nichts.

Die Frage bleibt: Warum sollte man diesen Weg gehen? Wenn Sie noch Zweifel hegen, wird dieses Kapitel Ihnen vielleicht eine Vorstellung davon geben, was schief laufen kann und warum man nach etwas anderem suchen sollte.

Die Dinge, mit denen wir umgehen müssen

Was kann einem Projekt schaden? Der Gedanke: „Mist, ich muss hier raus"?

Das Folgende ist eine Aufzählung der Dinge, denen sich Programmierer von Zeit zu Zeit stellen müssen. Sie ermüden und erschöpfen uns. Wahrscheinlich gibt es keine Möglichkeit, diese Dinge zu vermeiden, aber wir müssen lernen, irgendwie mit ihnen umzugehen.

Das falsche Team

Wenn Sie im falschen Team sind, haben Sie ein Problem. Vielleicht sind alle Kollegen nett, aber wenn ein Mitglied Ihres Teams mit dem Geld unzufrieden oder durch triviale Aufgaben gelangweilt ist, kann das die Atmosphäre ruinieren. Manche Mitglieder schauen vielleicht nur auf ihre eigene Karriere, das macht sie zu sehr schlechten Teamplayern. Sie hingegen helfen diesen Kollegen, ihre eigenen Ziele zu erreichen.

Ungünstige Situationen können auch entstehen, wenn ein Teammitglied über zu wenig Wissen verfügt oder Sie einen Auftrag annehmen, der einfach nicht Ihren Fähigkeiten entspricht, und es niemanden gibt, der Ihnen mit den ersten Schritten helfen kann.

Teams müssen ausgeglichen werden. Wenn Sie das Glück haben, in einem Team zu arbeiten, in dem alle „einen Traum teilen", kann es großartig laufen. Wenn Sie jedoch Teil eines Teams sind, das aus gelangweilten oder egoistischen Menschen besteht, werden Sie eine ziemlich harte Zeit erleben.

Überzogene Anforderungen

Einige Anforderungen lesen sich eher wie ein Science-Fiction-Roman und sind weit davon entfernt, konkret oder realistisch zu sein. Es ist gut, eine Vision zu haben, aber die Vision muss auch zum Team passen. Wenn Sie Absolventen am Beginn ihrer Karrieren in ein Entwickler-Team stecken, ist es sehr unwahrscheinlich, dass Sie gleich bei der ersten Veröffentlichung die beste, cloud-basierte Tabellenkalkulation aller Zeiten hinkriegen.

Einige Kunden glauben, dass sich Anforderungen mit nur einem Satz aufstellen lassen. „Das Produkt muss wie das soziale Netzwerk XY sein, nur ein wenig anders." Oder auch: „So schwer kann es nicht sein, wenn andere Unternehmen diesen Service kostenlos anbieten." Und immer wieder: „Es ist nur ein Button." Schlecht formulierte oder überzogene Anforderungen können zu hoher Unzufriedenheit führen, da der Kunde ohnehin nie das exakte Produkt seiner Vorstellung erhält. Der Entwickler wird es nie vollständig schaffen, seinen Kunden zufriedenzustellen, oder sich kompetent genug für seinen Job fühlen.

Falsche Erwartungen

Nicht nur das Fehlen von Anforderungen führt zu falschen Erwartungen. Manchmal scheint es, dass die Menschen Programmierer mit Superhelden verwechseln.

Es ist einfach nicht möglich, ein Projekt mit 100.000
Zeilen Code sofort von Fehlern zu befreien, wenn Sie
gerade erst den Zugang erhalten haben. Programmierer
benötigen erst einmal eine gewisse Zeit, um den Code zu
lesen, bevor sie irgendetwas darin beheben können.
Sätze wie: „Es ist nur eine Taste", oder: „Der alte Programmierer hat solche Dinge in fünf Minuten erledigt", helfen nicht weiter, und diese Fünf-Minuten-Lösungen könnten möglicherweise auch genau die Ursache für die be-
stehenden Probleme sein.

Die Nacht unter der Kaffeemaschine

Manchmal ist es notwendig, über die Grenzen hinauszugehen und einfach zu versuchen, Dinge zu erledigen. Beim
Versagen einer Software in Produktion müssen wir manchmal retten, was zu retten ist. Es erfordert oft zusätzliche
Überstunden, in denen die Hälfte der Nacht oder länger
gearbeitet wird.

Softwareprobleme sind so kritisch, dass von Programmierern oft erwartet wird, im Büro zu bleiben, bis die Probleme gelöst werden, vor allem wenn Projektmanager aus
diplomatischen Gründen eigentlich unrealistische Fristen
versprechen. Dann kann es zu einer sehr frustrierenden
Erfahrung werden, von der eigenen Familie, dem Bett und
dem Zuhause ferngehalten zu werden. Die Besten von
uns wurden schon schlafend unter der Kaffeemaschine
gefunden, als sie sich verzweifelt darum bemühten, wach
zu bleiben, aber schließlich doch scheiterten. In den Augen
vieler Leute zeigt sich das Engagement für ein Projekt in

der Bereitschaft, unter der Kaffeemaschine zu schlafen.

Obwohl es hin und wieder Spaß machen kann, auf diese Weise zu leben, wird es zu einem ernsthaften Problem, wenn es regelmäßig geschieht. Und es wird sogar noch schlimmer, wenn Sie die Probleme tatsächlich lösen und von diesem Zeitpunkt an vorausgesetzt wird, dass Sie jedes Mal auf diese Weise arbeiten.

Wenn das Leben ignoriert wird

Programmierer produzieren Fehler. Das ist normal. Sie können das nicht verhindern. Psychologen haben festgestellt, dass die Menschen sich relativ gut an drei Dinge erinnern können. Wenn diese Anzahl überstiegen wird, bekommen die meisten von uns Schwierigkeiten. Als Programmierer müssen wir uns jedoch oft an viel mehr Dinge erinnern.

Programmierer werden von einer Reihe Ablenkungen umgeben, wie zum Beispiel:

- schreiende Projektmanager,
- permanente Anrufe und Sitzungen,
- das Arbeiten unter Druck,
- oder einfach Familie, Gesundheit und Geld.

Je mehr Ablenkungen ein Programmierer ausgesetzt ist, desto höher ist die Wahrscheinlichkeit, dass er einen fehlerhaften Code schreibt. Während einige Ablenkungen leichter zu ignorieren sind, können andere nicht beeinflusst werden. Das Familienleben zum Beispiel ist ein wichtiger

Aspekt unseres Lebens, auch wenn es manchmal ganz schön hart ist.

Wer den Finanzierungsplan eines Projekts aufstellt, muss das Leben außerhalb der Arbeit und seinen Einfluss auf das Projekt einkalkulieren. Die Zahlen sollten sich nicht allein auf Erfahrungswerte mit der reinen Tätigkeit stützen. Sie müssen der Situation Rechnung tragen, in der sich diejenigen befinden, die an dem Projekt beteiligt sind. Um eine realistische Zeit- und Kostenkalkulation aufzustellen, muss man wissen, ob ein Mitarbeiter eine schwangere Frau hat, ob jemand sich von einer Krankheit erholt oder ob das Team bereits ein anstrengendes Projekt hinter sich hat.

Unser Leben zu ignorieren, bedeutet auch, Risiken und Chancen zu ignorieren.

Es ist mit Sicherheit eine vertane Chance, eine energiegeladene Person mit langweiligen Aufgaben zu betreuen. Hoch komplexe Aufgaben an jemanden zu vergeben, dessen Familie krank ist, erhöht das Fehlerrisiko. In beiden Fällen wird der Mitarbeiter Schwierigkeiten haben, sich auf die Arbeit zu konzentrieren.

Das eigene Leben ständig zu ignorieren, führt auf Dauer zu Frustration und Ermüdung.

Ansporn durch Belohnung

Drohungen sind sicherlich keine gute Motivationsstrategie. Dennoch werden sie immer wieder verwendet. Einmal sagte ein Kollege zu mir: „Wenn Sie es nicht schaffen, mehr Überstunden zu leisten, sind Sie einfach nicht gut genug, um ein Programmierer zu sein, und sollten stattdessen

Gärtner werden."

Drohungen verursachen Angst. Eine der stärksten Ängste der Menschen – neben der Angst vor Dunkelheit – ist die Angst vor dem Verlust der Existenzgrundlage.

Wenn man einer Bedrohung für eine Weile gegenübersteht und in Angst arbeitet, wird man auf jeden Fall ein guter Kandidat für ein „Burnout" (dazu später noch mehr).

Anforderungen ändern

„Management by Helicopter" findet statt, wenn ein Projektmanager den Raum betritt, neue Anforderungen abwirft und wieder geht. Es ist wie Landen, Staub aufwirbeln und Verschwinden. Manche Menschen zeichnen sich durch diese Arbeitsweise aus. In solchen Fällen sind die meisten Anforderungen oft nicht gut durchdacht, und manche Dinge ändern sich mitten in der Umsetzung ohne vorherige Ankündigung.

Wenn die Anforderungen jedoch nicht deutlich sind, gibt es kein Ziel und das Ende einer Aufgabe kann nicht erreicht werden. Jedes Treffen wird überflüssig, und alle diskutierten Ergebnisse werden Unsinn. Schließlich wird das gesamte Projekt in Frage gestellt, und die Mitarbeiten fragen sich, was sie eigentlich jeden Tag tun?

Gier

In einer modernen Gesellschaft brauchen wir Geld, um zu überleben. Zumindest, wenn wir uns dafür entscheiden, nicht als Mönch zu leben.

In einigen Fällen quetschen Firmen – oder sagen wir besser: die Manager dieser Unternehmen – jeden Euro aus einem Projekt, ohne Blick auf ihre Mitarbeiter. Im Jahr 2012 gab es bei Foxconn China (einem Unternehmen, mit dem auch Apple kooperierte) eine Protestbewegung. Die Arbeiter drohten mit Selbstmord, wenn sich ihre Arbeitsbedingungen nicht ändern würden. Es wird gesagt, die Mitarbeiter hätten während der Arbeitszeit noch nicht einmal Zugang zu Wasser gehabt.

In westlichen Ländern ist es zwar wahrscheinlich, dass Sie Zugang zu Wasser haben, es könnte aber vorkommen, dass Sie dazu gezwungen werden, immer die billigsten Hotels zu buchen, die billigsten Transportwege oder die preiswertesten Geräte zu nutzen. Auch wenn Ihr Projekt sehr erfolgreich und profitabel ist.

Geld an Mitarbeitern zu sparen und gleichzeitig nach außen zu demonstrieren, wie profitabel das Unternehmen ist, kann der schlimmste Fehler des Managements sein. Ich habe viele Leute gesehen, die deshalb Unternehmen verlassen haben.

Weitere Vorurteile

Ich könnte ein ganzes Buch allein über die Punkte schreiben, die Programmierer frustrieren. In diesem Kapitel werden wir uns einige davon ansehen.

Hier sind ein paar weitere Vorurteile, die Sie vielleicht schon gehört haben:

Großartige Programmierer ...

- ... können einen Code in Sprache X schreiben, wenn sie auch Sprache Y beherrschen,
- ... können Probleme schnell beheben, die meisten davon sogar in unter einer Minute,
- ... schreiben nie fehlerhaften Code,
- ... brauchen keinen Test-Code schreiben,
- ... schreiben immer gern einen Code für ihre Kunden, selbst noch spät in der Nacht,
- ... können die Fehler in einem Code beheben, selbst wenn sie gar nicht am Computer sitzen oder im Büro sind,
- ... wissen alles über Hardware, die jüngsten Trends, Frameworks usw., wobei „alles" tatsächlich alles bedeutet,
- ... können erraten, was ein Kunde möchte, auch ohne mit ihm zu sprechen,
- ... verstehen alle Betriebssysteme von unten nach oben, darunter auch jedes Mobilgerät und
- ... können jeden Code für einfach jedes Gerät schreiben, es ohne Installation zum Laufen bringen und müssen es auch nicht auf den verschiedenen Zielgeräten testen.

Die Liste der vorurteilsbeladenen Erwartungen ist endlos. Wir können die Menschen nicht lehren, nicht an solche Dinge zu glauben. Selbst Berufsverbände scheitern daran. Stattdessen müssen wir uns dieser Erwartungen auf einer täglichen Basis erwehren. Manchmal zu einem hohen Preis.

Burnout

Das „Burnout"-Syndrom ist etwas, das in Deutschland zum Zeitpunkt des Schreibens dieses Buches oft diskutiert wurde. Im Grunde beschreibt es eine Art Zusammenbruch aufgrund von Überanstrengung, Langeweile oder etwas Ähnlichem. Wenn Sie darunter leiden, fehlt Ihnen Energie in einer Art und Weise, die für gesunde Menschen kaum vorstellbar ist. Das führt zu Depressionen, und in einigen extremen Fällen kann es auch zu Selbstmord führen. Die Diagnose ist schwierig, und deshalb bezweifeln einige Stellen die Existenz dieses Problems.

Gibt es Burnout überhaupt?

Es lassen sich sowohl von Fachleuten als auch von Laien Äußerungen finden, dass Menschen, die über Burnout klagen, lediglich faul, aber sicherlich nicht krank seien. Es wird oft der Vergleich mit der Vergangenheit gezogen, in der Menschen eine ähnliche Anzahl von Stunden gearbeitet und noch nie zuvor von so etwas wie Burnout gehört haben.

In der Tat fühlen sich manche Leute erschöpft und brauchen einfach nur Urlaub. Wenn sie eine intensive Arbeitsphase erleben, nennen sie diese Erschöpfung Burnout, obwohl sie nur zu müde sind, um auf ein Bier rauszugehen.

Doch es gibt einige Menschen, die ich tatsächlich als ausgebrannt betrachte. Wenn Sie zu dieser Gruppe gehören, haben Sie wahrscheinlich weder Zeit noch Energie, um über Ihre Probleme zu sprechen. Sie machen sich mehr Sorgen darüber, wie Sie den Tag überleben. Einige, die es geschafft haben, sich aus dieser Misere zu befreien, haben Bücher darüber geschrieben. Darin kann man nachlesen, wie schrecklich diese Erfahrung sein muss.

Wie bereits erwähnt ist eine Burnout-Diagnose schwierig, denn das medizinische Personal muss eine normale Erschöpfung vom Burnout unterscheiden. Letzteres wird als Krankheit des Geistes eingestuft. Aber wie kann man es von anderen Krankheiten unterscheiden? Depressives Verhalten und andere Symptome stammen nicht notwendigerweise von einem Burnout, selbst wenn man hart arbeitet. Wenn es durch Bakterien verursacht wäre, könnten wir es eindeutig und ohne Zweifel feststellen. Aber so? Das ist sicherlich ein Grund, warum es diskreditiert ist. Ein weiterer findet sich vermutlich darin, dass der Begriff im alltäglichen Sprachgebrauch immer wieder falsch angewandt wird.

Ich möchte auf das DSM-V verweisen. Das ist das „Diagnostic and Statistical Manual of Mental Disorders" der American Psychiatric Association (APA). Im Grunde handelt es sich um ein Klassifizierungssystem, um Diagnosen anhand von Symptomen für zum Beispiel ADHS oder Essstörungen aufstellen zu können. Es ist bemerkenswert, dass das Burnout-Syndrom noch nicht über eine eigene Diagnose verfügt. Mit anderen Worten, es gibt keine Standardform, ein Burnout-Syndrom zu identifizieren.

Ich bin zwar kein Experte, aber trotzdem der festen Überzeugung, dass das Burnout eine existierende Krankheit ist. Neben meiner Tätigkeit als Programmierer habe ich damit begonnen, Psychologie zu studieren, und interessiere mich speziell für Arbeitspsychologie. Es gibt viel Literatur über das Thema, und diese sollten Sie lesen, wenn Sie mehr darüber erfahren möchten. Vielleicht überzeugen Sie diese Texte ebenso wie mich.

Die ultimative Liste, ob Sie von Burnout betroffen sind

Burnout ist nicht auf Top-Manager beschränkt. Jeder kann davon betroffen sein. Es gibt dokumentierte Fälle von Hirten mit Burnout, die seit zwanzig Jahren ihren Schafen beim Grasfressen zugesehen haben. Sie leiden unter Burnout, aber die Presse bezeichnet es oft als „Bore"-Out (vom engl. „bore", langweilen).

Als Software-Programmierer gibt es viele Umstände, die zu einem Burnout führen können. Einige davon wurden schon erwähnt.

Matthias Burisch ist ein bekannter deutscher Psychologe, der ein großartiges Buch zum Thema Burnout geschrieben hat (Burisch, 2006). Er zeigt, dass Burnout vor allem in Zusammenhang mit unregelmäßigen Arbeitszeiten, sofortiger Verfügbarkeit, knappen Fristen und Wettbewerb steht. Obwohl diese Bedingungen jedem vertraut klingen, der schon als Programmierer gearbeitet hat, forschte Burisch tatsächlich in vielen unterschiedlichen Berufsgruppen.

Er erwähnte auch, dass es Menschen gibt, die zwar unter anstrengenden Arbeitsbedingungen tätig sind, aber nicht an Burnout-Syndromen leiden. Krankenschwestern, die in Intensivstationen arbeiten, sind zum Beispiel weniger anfällig dafür als Krankenschwestern, die in anderen Bereichen eines Klinikums tätig sind. Woher kommt dieser

Unterschied?

Burisch begründet ihn damit, dass für ein Burnout mehrere Faktoren zusammenkommen müssen. Nicht jede Stresssituation führt automatisch dazu. Jeder Mensch handhabt Situationen anders. Der eine mag unter einer bestimmten Situation leiden, während ein anderer die Situation ohne größere Probleme übersteht. Dies könnte dazu führen, dass der Letztere vielleicht glaubt, der andere sei einfach nicht stark genug, um mit der Situation umzugehen. Das ist aber ein Trugschluss, denn das Problem kann durch die Kombination von bestimmten Faktoren ausgelöst worden sein. Neben der allgemein problematischen Situation für den Erkrankten kann auch noch der soziale Druck durch das Umfeld steigen.

Laut Burisch können folgende Faktoren und/oder ihre Kombination zu Burnout führen:

- zu viel Arbeit,
- Kontrollverlust,
- wenig oder gar keine Belohnung,
- Mangel an gesundem Menschenverstand,
- Ungerechtigkeit und
- ethische Konflikte.

Über diese Punkte haben wir schon geredet.

Tatsachen?

IT-Manager neigen häufig dazu, sich verändernde Zeiten zu ignorieren, so zum Beispiel auch im Hinblick auf den

Umgang mit dem Burnout-Syndrom. „Als ich jung war, habe ich eine ähnliche Anzahl Stunden gearbeitet", sagen die einen. „Sie sind einfach nur faul", erklären die anderen. In Deutschland weisen manche IT-Manager darauf hin, dass es in anderen Ländern keine aufgezeichneten Fälle dieser Krankheit gibt, daher muss es sich um Fiktion handeln.

Aber können wir wirklich Land X mit Land Y vergleichen? In Deutschland gibt es ein gutes Gesundheitssystem und genug Nahrung und Wasser für alle. Eines der größten Probleme hier ist das Wetter, das von Jahr zu Jahr schlimmer wird. In Afrika hingegen gibt es Hunger und viel zu wenig Arbeitsplätze. Der Zugang zu sauberem Wasser ist an vielen Orten nicht gegeben. Wenn Sie Wasser benötigen, werden Sie wahrscheinlich keine Möglichkeit finden, sich mit einer Sache wie dem Burnout-Syndrom auseinanderzusetzen.

Im Gegensatz dazu war vor einigen Jahren in einer deutschen Zeitung folgende Schlagzeile zu lesen: „Ist Japan ausgebrannt?" Die Autoren erwähnen, dass sich japanische Menschen mehr und mehr ausgebrannt fühlen.

Verschiedene Artikel beschäftigen sich zum Beispiel mit der Selbstmordrate (Kläsgen, 2010 BBC, 2012). Bei der France Télécom gab es zwischen 2008 und 2009 über 30 Fälle von Selbstmord - über einen pro Monat. In Frankreich wird Selbstmord auch als Arbeitsunfall gewertet. Daher wird darüber Buch geführt, und es ist möglich, Einblick in diese Statistiken zu nehmen. In Deutschland ist dies nicht der Fall, und so sind die genaue Zahlen in diesem Zusammenhang unbekannt.

Der Gesundheitsbericht der Krankenkasse DAK Hamburg (DAK, 2010) verzeichnet Krankheiten des Geistes derzeit als dritthäufigsten Grund für Krankschreibungen. Es sind rund 25 Tage pro Patient. Etwa 7 Prozent der Hamburger sind für rund fünf Wochen pro Jahr aus psychischen Gründen krankgeschrieben.

Auch der jährliche Stressreport von 2012 wirft kein gutes Licht auf die Zustände (Lohmann-Haislah, 2012). Seit 2006 werden als größte Ursachen psychologischer Probleme in der Arbeitsbevölkerung folgende Punkte verzeichnet: Multitasking (58 Prozent), zu knappe Fristen (52 Prozent) und Aufgaben, die sich zu oft wiederholen (50 Prozent). Über 44 Prozent der Mitarbeiter gaben an, dass sie während der Arbeit ständiger Ablenkung ausgesetzt sind.

Das deutsche Magazin Focus veröffentlichte ein paar interessante Statistiken (Gebert, 2010). 1993 lagen in Deutschland etwa 30 Prozent der Ursachen für Arbeitsunfähigkeit in Muskelskeletterkrankungen. Im Jahr 2008 verringerte sich die Zahl auf 15 Prozent. Stattdessen stieg der Anteil der psychischen Erkrankungen auf 35,6 Prozent. Diese Zahlen zeigen, wie sich Arbeit in zwanzig Jahren verändert hat. Im selben Artikel führte ein Psychologe auch aus, dass unsere Arbeitsstrukturen inzwischen viel komplexer geworden sind und nicht jeder für diese Art von Arbeit geschaffen ist.

Smartphones und anderen technische Spielereien existierten vor zwanzig Jahren noch nicht. Sie fressen einen großen Teil unserer Zeit, selbst wenn wir nicht im Büro, sondern zu Hause sind. Von uns Programmierern wird erwartet, dass wir nicht nur mit allem Technischen auf dem

Laufenden bleiben, sondern auch noch ständig verfügbar sind. Wir müssen die Funktionsweise verschiedener Betriebssysteme und Social-Media-Tools erlernen und auch die Bücher über Programmierung lesen. Darüber hinaus sollen wir noch mindestens 40 Stunden in der Woche arbeiten. Wir werden von Informationen überflutet, während unser Verstand keine Ruhe findet.

Meine Vermutung ist, dass Menschen in Ländern mit einem hohen Industrialisierungsstandard mehr Ressourcen zur Verfügung stehen, um sich mit der Krankheit auseinanderzusetzen und sie zu identifizieren. Es bedeutet nicht, dass sie in anderen Ländern nicht existiert.

Die fünf Phasen des Burnouts

„Work-Life-Balance" ist nicht nur eine Phrase. Sie sollten selbst gesund leben und haben als Teamleiter auch die Verantwortung für Ihr Team. Krankschreibungen kosten das Projekt eine Menge Geld und Zeit.

Wenn ...

- ... Ihre Arbeit der zentrale Aspekt Ihres Lebens ist,
- ... Sie sich selbst von anderen distanzieren,
- ... Sie zynisch werden,
- ... Sie in Konflikte mit Menschen geraten oder
- ... Sie an Depressionen leiden,

sollten Sie aufhorchen. Diese Liste beinhaltet die fünf Phasen des Burnouts. Sie sollten auch aufmerksam werden, wenn Ihr Kollege plötzlich mit dem Fußballspielen aufhört oder gar nicht mehr ausgeht.

Zen kann Ihnen möglicherweise dabei helfen, all dies zu vermeiden.

Sie leben allein, Sie sterben allein

Wir können versuchen, unsere Gedanken auszutauschen, aber wie können wir sichergehen, dass unser Zuhörer versteht, was wir ausdrücken wollen?

Verständnis ist an den Kontext von Situation und Umständen gebunden, in denen wir leben. Darüber hinaus unterscheidet sich unser Denken. Das macht es unmöglich, unsere Ideen auszutauschen, als wären es E-Mails – oder für Programmierer ausgedrückt: Wir arbeiten nicht alle mit demselben Format. Wenn ich „Apfel" sage, ist das Bild in meinem Kopf höchst wahrscheinlich nicht dasselbe wie in Ihrem. Wenn ich ein Bild davon male, wird es nicht so aussehen wie mein erster Gedanke. Und selbst wenn ich ein übereinstimmendes Bild malen könnte, würde Ihre Wahrnehmung nicht die gleiche davon sein wie meine. Das liegt daran, dass auch die Wahrnehmung im Kontext eigener Erfahrungen und physischer Voraussetzungen steht.

Es gibt niemanden, der genau so ist wie Sie oder ich. Wir können versuchen, uns auszudrücken, aber niemand kann den anderen vollständig verstehen, und deshalb leben wir letztlich alle allein.

Daraus folgt, dass Sie auch allein sterben werden. Selbst wenn Sie viele Freunde haben und ein großes Vermögen besitzen, kann Sie am Ende niemand begleiten. Niemand kann den Platz mit Ihnen tauschen.

Die einzige beständige Sache im Leben ist, dass es keine Beständigkeit gibt. Alles ist im Fluss, wie das Wasser. Aber es gibt keinen Grund, deshalb zu trauern. Wenn wir das verstehen, begreifen wir auch, dass es in unserem Leben immer um uns selbst geht. Wir können nicht für andere leben. Es ist unser Leben, und wir können es weder eintauschen noch teilen. Noch nicht einmal einen Furz, wie Kôdô Sawaki einmal sagte.

> Ganz gleich, was passiert – es ist dein Leben.
>
> Kôdô Sawaki (Sawaki, 2008)

Sobald wir diese Wahrheit verstehen, können wir frei von Kummer und Trauer leben.

Wenn wir bei einem Unfall einen Arm oder unsere Beine verlieren, werden wir vermutlich zuerst besorgt und wütend sein. Aber es ist unser Leben, und wir müssen lernen, damit umzugehen. Auch ohne Beine ist es möglich, noch ein gutes Leben zu führen. Es ist auch eine Frage des rechten Blickwinkels.

Wenn wir eine Arbeit erhalten, die uns Kummer bereitet, ist das unser Leben. Es gibt keinen Grund, das Leben einzustellen und in Trauer und Verzweiflung zu verfallen. Zen-Übungen helfen uns dabei, die Dinge ein bisschen mehr so zu sehen, wie sie tatsächlich sind, und unsere wahre Natur zu erkennen, damit wir leichter akzeptieren können, was uns widerfährt.

Kizen und andere Übungen

Einführung

Dieses Kapitel soll Ihnen zeigen, wie Sie Ihre Füße wieder auf die Erde bekommen. Es beinhaltet eine Sammlung von Techniken, die Sie sofort anwenden können. Nicht alle finden ihren Ursprung in japanischen Lehren, die Ideen stammen aus der ganzen Welt und helfen dabei, den Zen-Zustand zu bewahren.

Wahrscheinlich lesen Sie dieses Buch, weil Sie das Gefühl haben, den Kontakt zur wirklichen Welt verloren zu haben. Die Ursache dafür liegt vermutlich vor allem daran, dass die Arbeit Sie kontrolliert und auf viele Bereiche Ihres Lebens Einfluss nimmt.

Wir vergessen häufig, dass wir alle nur Menschen sind. Wir vergessen, dass wir etwas zu essen brauchen, Ruhe und manchmal auch aufbauende Worte, um uns gut zu fühlen. Und wir vergessen, dass das Gleiche auch für den Kollegen am Schreibtisch gegenüber gilt. Mithilfe der folgenden Techniken habe ich gelernt, mich wieder daran zu erinnern.

Zen ist keine Theorie. Zen ist Übung – mit Körper und Geist.

Schauen Sie sich die Kōan-Übung an (Jap.: 公案). Kōan ist ein Rätsel, das der Zen-Meister seinen Schülern stellt und das nicht durch logisches Denken gelöst werden kann.

75

Das Kōan zeigt, dass Zen nicht mit dem Verstand oder mit dem Lesen von Büchern erfasst wird. Eines der bekanntesten Kōan lautet:

> Zwei Hände klatschen, und es gibt ein Geräusch. Aber was ist das Geräusch von nur einer Hand?

Dieses Rätsel wird Hakuin Ekaku zugeschrieben, einem einflussreichen Lehrer der Rinzai-Schule. Es gibt mehrere Antworten. Eine davon lautet:

> Om.

Wenn Sie allerdings diese Antwort Ihrem Zen-Meister geben würden, würde er sie wahrscheinlich nicht akzeptieren. Sie müssen eine eigene Antwort finden. Es kann durchaus sein, dass Mönche jahrelang versuchen, eine Lösung für ihr Kōan zu finden.

Als Shakuhachi-Spieler (Bambusflöte) ist der richtige Ton mein Kōan. Im Spielen selbst liegt noch keine Antwort. Ich kann nicht einmal sagen, dass die Übung allein den richtigen Ton hervorbringt. Ich könnte die Flöte für zehntausend Stunden spielen und würde den Ton nicht finden. Mein Kōan wird niemals aufhören.

Mit diesem Gedanken im Hinterkopf suche ich nach Wegen, um meinen Geist in guter Verfassung zu halten und übe Zen selbst im Büro aus.

Ki 気: Atem und Lebenskraft

Alle japanischen Künste, die mir bekannt sind, haben eines gemeinsam: Sie nutzen das Ki (Jap.: 気). Das schließt auch die Kampfkünste ein. Ki ist ein Begriff aus dem Daoismus und bedeutet „Energie" oder „Atem". Es heißt, dass das Ki durch die Übungen gestärkt wird. Obwohl das Ki in den Künsten unterschiedlich stark erwähnt wird, bildet es jedoch in allen die Grundlage.

Einmal traf ich mich mit japanischen Freunden zum Essen. Wir erhielten alle Stäbchen. Anschließend wurde eine Schale Reis herumgereicht, und jeder nahm sich so viel, wie er essen mochte. Ich besaß nicht besonders viel Übung im Umgang mit Stäbchen und hatte große Mühe, den Reis aus der Schale zu heben. Schließlich mussten wir alle über meine Versuche lachen, und der Gastgeber sagte zu mir: „Du musst den Reis mit Ki nehmen! Atme, als ob du meditieren würdest!"

Atmen: Ohne Atem sind wir tot. So einfach ist das. Trotzdem denken wir selten darüber nach, wie wir atmen. Wir nutzen kurze Atemzüge in unserem täglichen Leben und bleiben damit an der Oberfläche dessen, was wir mit unseren Lungen leisten könnten. Einige außergewöhnliche Menschen können bis zu 9 Minuten und 214 Metern (702 Fuß) tief tauchen. Suchen Sie mal nach Herbert Nitsch, dem bekannten Freitaucher. Aber was können wir von solchen Freitauchern lernen?

Dass es möglich ist, das Atmen zu beeinflussen. Nicht nur das, diese Taucher können auch ihren Herzschlag und

andere Körperfunktionen durch gezieltes Atmen verändern.

Trainiertes Atmen hilft jedoch nicht nur Tauchern.
Wenn ich durch zu viel Arbeit oder verrückte Bugs gestresst
werde, denke ich an meine Schale Reis zurück. Es besteht
keine Notwendigkeit zu fluchen, zu lachen oder in Panik zu
verfallen. Stattdessen atme ich. Ich versuche, mir meines
Atems bewusst zu sein. Er stärkt mein Ki. Und mit Ki
ist es möglich, den Reis ohne Probleme aus der Schale zu
holen. Mit einem guten Ki ist es auch möglich, Fehler in
der Software zu finden und ruhig zu bleiben, wenn Sie
einen Produktionsfehler beheben, während der Kunde Sie
anschreit.

Aber um ehrlich zu sein, das Ki kann auch ohne Metaphysik erklärt werden. Gezieltes Atmen verringert Stress
und fördert die Konzentration. Der Moment mit einem
starken Ki ist vielleicht einfach der Moment, in dem das
Herz aufhört zu rasen, genügend Sauerstoff das Gehirn
erreicht und auch die Hände aufhören zu zittern. Wie
immer Sie das Ki erklären wollen – mit einem generischen
oder einem biologischen Ansatz –, es ist auf jeden Fall eine
gute Sache, die auch Sie erreichen können.

Kizen 記禅: Der Weg des Codes

Während Ki das Konzept beschreibt, handelt es sich bei
Kizen (Jap.: 記禅) um den praktischen Weg. Das Wort
„Zen" beschreibt die „buddhistische Schule", also die Lehre,
die zugrunde liegt. Die Kombination von Tätigkeit und

Schule ergibt den Weg, den man als Übender geht. Suizen beschreibt für mich zum Beispiel die Art des Shakuhachi-Spiels: Zen-Übung mit dem Atmen. Zazen hingegen die Art und Weise der sitzenden Meditation. Nach intensiver Recherche entschied ich mich für Kizen als „den Weg des Codes".[10]

Denn Ki mit seinen Buchstaben zu erklären 記禅, bindet es nicht nur an Atem oder Energie, es bedeutet außerdem Schreiben, Zeichen, Anmerkung und so weiter. Das Kanji impliziert zusätzlich „Handlung". Ausgesprochen wird es wie das englische „key".

Für mich drückt Kizen genau das aus, was wir wollen: den Weg des Codes oder der Symbole.

Chaos und logisches Denken

Wenn Ihre Gedanken ständig von einer Aufgabe zur nächsten springen, könnte Folgendes passieren.

Ein Programmierer, nennen wir ihn Mike, kommt ins Büro und nimmt sich eine Tasse Kaffee oder Tee. Er startet den Computer und setzt sich an den Schreibtisch. Dann stellt er einen Plan für den Tag auf und beginnt damit, die Dokumentation einer API zu lesen. Nach ein paar Minuten erinnert er sich an ein E-Mail-Gespräch vom Tag zuvor und öffnet seinen E-Mail-Account. Während er eine Antwort schreibt, muss er an Twitter denken und öffnet die Seite in

---

[10]Mein besonderer Dank geht an Mino Suzuki aus London, die so freundlich war, auf die E-Mail eines völlig Fremden zu antworten. Sie half mir ohne Gegenleistung. Dank auch zu Kiku Day, der mich in Kontakt mit Mino Suzuki brachte.

einem zweiten Fenster. Eigentlich will er schnell zu seiner E-Mail zurückkehren, aber er findet einige interessante Nachrichten bei Twitter. Er klickt auf ein paar Links, liest ein paar Seiten, und schließlich erinnert er sich wieder an seine E-Mail. Doch jetzt, da er bereits auf Twitter ist, beschließt er, erst einmal alle seine Twitter-Nachrichten zu lesen. Nach weiteren Webseiten zwingt er sich, endlich die richtige Arbeit zu erledigen und widmet sich wieder seiner E-Mail. Inzwischen ist er jedoch schon wütend auf sich selbst, weil er so viel Zeit verloren hat. Schließlich schreibt er etwas Code, und dabei fällt ihm eine großartige Idee ein. Doch in diesem Moment fällt ihm auch ein, dass er ja gleich einen Termin wahrnehmen muss. Zu dem Zeitpunkt, an dem Mike an seinen Schreibtisch zurückkehrt, ist es fast Mittag. Sein Compiler zeigt ihm einen Fehler an, und Mike erinnert sich nicht mehr daran, was er getan hat, bevor er zu seinem Termin aufgebrochen ist. Zwischen all diesen Gedankensprüngen ist die gute Idee leider verloren gegangen.

Die natürliche Ordnung

Gedanken entstehen assoziativ und chaotisch. Ich glaube, dass unser Geist als Netzwerk arbeitet. Gedanken verursachen neue Gedanken. Wenn Sie über einen Apfel nachdenken, denken Sie vielleicht auch über Apfelsaft nach, und das wiederum erinnert Sie an einen Drink, den Sie vor Kurzem probiert haben, der Apfelsaft enthielt. Und diese Erinnerung könnte die an einen schlimmen Kater nach sich ziehen.

Sigmund Freud, ein Psychologe des 20. Jahrhunderts, nutzte diese Denkmuster für die Behandlung seiner Patienten. Er nannte es „freies Assoziieren". Seine Patienten saßen dabei auf einer Couch und berichteten ihm, was ihnen gerade in den Sinn kam. Freud interpretierte anschließend die Assoziationen.

Weitere moderne Theorien nennen diese Art des Denkens „Netzwerk". Wir haben keine Kontrolle über dieses Netzwerk. Es wirkt ohne uns, kann aber von uns durch das Denken beeinflusst werden.

Rein assoziatives Denken wäre es, wenn wir nur in unserer Gedankenwelt von Gedanke zu Gedanke springen würden. Doch in Wirklichkeit ist das nicht der Fall: Wir besitzen Nerven und die dazugehörigen Sinne, die Einflüsse von außen in unsere Denkwelt bringen. Wir müssten die Eingangskanäle von Augen, Ohren, Haut, Nase und Mund „schließen" und auch die Nerven in den inneren Organen durchschneiden, um das rein assoziative Denken zu erreichen. Dies ist nicht möglich.

Ich nenne Einflüsse von außen „Zufallsereignisse". Sie können nicht kontrolliert werden, und die Auswirkungen, die sie haben, sind zu komplex, um zu sie vorherzuberechnen. Selbst wenn eine Chance bestünde, diese Komplexität zu verstehen, so sehen sie einfach nur chaotisch aus.

Die äußeren Einflüsse, die unser Denken beeinflussen, folgen einer natürliche Ordnung: Das, was von außen einwirkt, besitzt eine höhere Priorität in unserem kognitiven System. Alles, was sich in unser Bewusstsein zwängt, kostet eine hohe Menge an Energie. Das ist unter gewissen

Umständen auch ganz in Ordnung.

Wenn Sie im Dschungel ein Buch lesen, sind Sie vielleicht sehr darauf konzentriert. Aber wenn sich ein Tiger an Sie heranschleicht, wäre es besser, wenn Sie die knackenden Zweige hören, auch wenn Sie gerade an einer besonders spannenden Stelle sind. Die natürliche Ordnung des Denkens würde Sie aus Ihrer Konzentration reißen, und Sie würden sich nach der Quelle des Geräuschs umsehen und den Tiger entdecken. Das ist im Dschungel gut, nicht so sehr jedoch im Büro. Wenn Sie an einer Software schreiben und ein Stift fällt zu Boden, müssen Sie sich in der Regel nicht nach der Quelle umsehen, da von dem Stift keine Gefahr ausgeht.

Bei der Arbeit gibt es andere Tiger, die uns verschlingen wollen: Soziale Netzwerke unterbrechen unser assoziatives Denken mit überflüssigem Chaos und rauben somit eine nicht unerhebliche Menge an Energie.

Kizen bedeutet Fokus

Kizen bedeutet, sich auf das assoziative Denken zu konzentrieren und das Chaos zu reduzieren. Wir müssen unser rationales Denken verstärken. Chaos und rationales Denken müssen ausgeglichen werden. Denn Rationalität ist nicht alles, Kreativität entsteht auch durch Chaos. Ich glaube, dass kleine Portionen Chaos durchaus von Vorteil für die Arbeit sein können.

Die Arbeit findet jetzt statt. Auch wenn Sie ein wenig Chaos nutzen wollen, können Sie die meisten Ablenkungen ohne Probleme ausschließen. Software-Programmierer gehen einer schwierigen Aufgabe nach. Sie sind für das Arbeitsergebnis und seine Qualität verantwortlich. Wenn Sie arbeiten, haben Sie keine Zeit für irgendetwas anderes. Seien Sie sich bewusst, was Sie tun. Halten Sie sich an diese Dinge, und lassen Sie sich nicht ablenken, nicht einmal für eine Sekunde.

Das „Lesen von E-Mails" ist oft eine Chaos verursachende Aufgabe. Die Leute überprüfen ihre E-Mails, wenn sie eine Sekunde Zeit haben oder etwas blinkt, oder einfach, wenn sie gelangweilt sind. Für eine lange Zeit, habe ich Langeweile mit dem Überprüfen von E-Mails verbunden.

Das Denken in vorgegebenen Segmenten

Heute gibt es ein paar Fixpunkte in meinem Tagesplan, die ungefähr 20 Prozent meiner Zeit verbrauchen. „E-Mails" ist einer davon. Weitere 20 Prozent meiner Zeit sind für unerwartete Dinge eingeplant. 60 Prozent sind der eigentlichen Arbeit vorbehalten. Man könnte sagen, ich kalkuliere rund fünf Stunden tatsächliche Arbeit, also Programmieren (bei einem 8-stündigen Arbeitstag).

Vielleicht glauben Sie, dass dies nicht viel ist, aber das ist es. Ich verfolge die Zeit mit Time & Bill[11], seit ich es veröffentlicht habe. Damit habe ich festgestellt, wie viel Zeit ich zum Lesen meiner E-Mails oder anderer Sachen wie zum Beispiel Twitter verbrauche. Als ich sah, wie wenig Zeit ich mit tatsächlicher Arbeit verbrachte, war ich sehr frustriert. An schlechten Tagen schaffte ich es manchmal lediglich auf zwei Stunden.

---

[11] http://www.timeandbill.de

Ich habe mit vielen Menschen über dieses Phänomen gesprochen und herausgefunden, dass es den meisten ähnlich ergeht. Selbstverständlich ist dies keine repräsentative Studie, aber seien Sie ehrlich: Fühlt es sich manchmal so an, als hätten Sie einfach „nichts" geschafft? Willkommen im Club.

Darüber hinaus habe ich festgestellt, dass meine Arbeit damals sehr zerfaserte. Manchmal habe ich nur ein paar Minuten auf eine Aufgabe verwandt und mich dann einer anderen gewidmet. Ich nenne dies „Mikrosegmente". Auch daran habe ich etwas geändert, denn diese Art der Arbeit verbraucht einfach zu viel Energie.

Inzwischen prüfe ich meine E-Mails nur noch zweimal täglich. Soziale Netzwerke sind etwas, dem ich mich nach der Arbeit zuwende. Wenn ich den Code für einen komplizierten Teil einer Software erstelle, beantworte ich keine Anrufe, lese keine SMS oder tue irgendetwas anderes, das mich ablenken könnte. Es gibt nur eine Ausnahme: Meine Frau kann mich jederzeit anrufen.

Für mich sind Arbeitssegmente mit einer Länge von 30 bis 60 Minuten perfekt. Nach 60 Minuten bin ich in der Regel müde und muss etwas anderes tun. Wenn ich eine Aufgabe weniger als 30 Minuten lang (vorausgesetzt, sie benötigt länger) bearbeite, ist das einfach zu anstrengend für mein Energieniveau, und es kreiert eine Menge Müll in meinem Kopf. Diese Zeitangaben sind stark abhängig von meinen täglichen Bedürfnissen, es gibt dafür keine feste Regel. Sie müssen selbst herausfinden, welche Länge für Sie am besten funktioniert.

Viele Programmieraufgaben sind zu groß, um in nur einem Tag abgeschlossen zu werden. Oft können Sie die Aufgabe in Etappen erledigen, die eine jeweilige Länge von beispielsweise 45 Minuten haben.

Geistiger Müll

Ich habe bereits erwähnt, dass viele kleine Aufgaben Chaos in meinem Kopf verursachen. Wenn Sie beispielsweise zehn verschiedene Aufgaben in einer halben Stunde erledigen, haben Sie bereits zehn Gedanken im Kopf, die noch mehr Gedanken nach sich ziehen. Wenn Sie sich auf nur eine Aufgabe konzentrieren, müssen Sie sich nur mit diesem Gedanken und den daraus resultierenden Assoziationen auseinandersetzen.

Um den Kopf frei zu bekommen, ist es oft notwendig, über Ihre Gedanken zu reflektieren. Stellen Sie sicher, dass alles gut verläuft. Mit Gedanken an zehn verschiedene Dinge im Kopf ist die Reflexion nicht so einfach.

Reflexion ist auch notwendig, um sicherzustellen, dass das Ergebnis Ihrer Arbeit von guter Qualität ist. Mit zu vielen Dingen, die Ihnen im Kopf herumschwirren, werden Sie Fehler übersehen. Sie wissen doch, dass daran etwas Wahres dran ist, und mit dem Wissen, dass Sie vielleicht etwas verpasst haben, ist es noch schwieriger, den eigenen Kopf frei zu bekommen.

Ist es wirklich das Gleiche, ob Sie sich mit einem Problem oder fünf zur selben Zeit herumschlagen? Wenn ich zu Bett gehe und über ein einziges großes Problem nachdenke, schlafe ich vielleicht schlecht ein, aber irgendwann kann

ich mir sagen: „Darum kümmer ich mich morgen." Mit fünf
Problemen hingegen habe ich keine Kontrolle mehr. Meine
Gedanken drehen sich im Kreis, und meine Nacht wird
schrecklich. Sie sind wahrscheinlich mit dieser Situation
vertraut.

Das allein ist es für mich schon wert, die Anzahl
der Aufgaben auf ein Niveau zu reduzieren, mit dem ich
umgehen und mich im Gleichgewicht halten kann. Es gibt
aber auch Menschen, die sich nicht groß um ihre Balance
kümmern. Sie genießen das Adrenalin, das ihr Gehirn beim
Umgang mit einer Menge Dinge überflutet. Ich habe allerdings noch keinen Adrenalinjunkie getroffen, der wirklich
über seine Aufgaben reflektieren konnte und ausgeglichen
war.

Sie sind keine E-Mail-Maschine

Wenn Sie ein klassischer Programmierer sind, ist die E-
Mail-Kommunikation nicht Ihre primäre Disziplin, selbst
wenn die halbe Welt das zu glauben scheint. Ihre Haupt-
aufgabe besteht aus dem Code, dessen Prüfung und der
Lösung von technischen Problemen. Wenn Sie vor Aufgaben gestellt werden, die nicht zu Ihren Kernkompetenzen
gehören, müssen Sie diese als zweitrangig behandeln und
sie in den Teil des Tages verschieben, der für diese Art
Posten vorgesehen ist.

Die Zeit für solche wiederkehrenden Aufgaben, wie E-
Mails lesen, ist jedoch begrenzt (bei mir eben 20 Prozent),
das bedeutet also auch, dass Sie die Zeit, in der Sie sich
mit E-Mails beschäftigen, begrenzen müssen. Wenn Sie ein

schlechtes Gewissen bekommen, weil Sie lediglich zweimal am Tag, sagen wir für 30 Minuten, Raum zur Beschäftigung mit diesen Nachrichten schaffen, arbeiten Sie entweder nicht Vollzeit als Programmierer oder Sie haben ein Prioritätsproblem.

Wenn Sie Zen praktizieren, müssen Sie das ernst nehmen. Oft besteht die Zen-Praxis aus einer scheinbar leichten Aufgabe, die jedoch mit voller Konzentration und höchst möglicher Präzision durchgeführt wird. Das Bogenschießen kann eine triviale Aufgabe sein. Nehmen Sie den Pfeil, greifen Sie den Bogen und schießen Sie. Etwas auf Zen-Art zu tun, heißt jedoch, Sie konzentrieren sich auf den Kern dieser Sache. Keine Ablenkungen. Wenn Sie das Zen-Bogenschießen ausüben, sind Sie der Bogen. Sie sind der Pfeil. Sie sind der Wind. Sie sind Sie selbst. Es bleibt einfach keine Zeit, um eine E-Mail irgendwo dazwischen zu schreiben.

Warum behandeln wir das Programmieren nicht ähnlich?

Wenn wir einen Code schreiben, schreiben wir einen Code. Aus irgendeinem Grund wird von uns erwartet, dass wir E-Mails innerhalb weniger Minuten beantworten. Wenn wir jedoch ernsthaft einen Code schreiben wollen, müssen wir es so gut tun, wie wir nur können. Andernfalls werden wir nie in der Lage sein, große Programmierer zu werden.

Wenn Sie ein Programmierer sind, sind Sie ein Programmierer. Sie sind es auch noch, wenn Sie zu Mittag essen oder an Ihren Wochenenden durch die Wildnis reisen.

Wenn wir auf diese Weise leben wollen, müssen wir unsere Fähigkeiten und unsere Leidenschaft ernstnehmen. E-Mails sind Teil unseres Arbeitstages, aber nicht der wichtigste. Daher muss die Beschäftigung damit außerhalb des Kerns unseres Arbeitstages liegen, um Platz für das zu schaffen, was uns wirklich wichtig ist.

Für jeden gibt eine „passende Zeit", um sich mit Nachrichten zu beschäftigen. Für mich liegt diese Zeit am Beginn meines Tages, beim Trinken des Morgenkaffees. Es hilft mir dabei, in Stimmung für meine eigentliche Arbeit zu kommen. Abhängig von meiner Aufgabe habe ich ein zweites Segment für E-Mails vorgesehen, nämlich nach dem Mittagessen oder bevor ich nach Hause gehe. Das ist genug. Das Zeitlimit für diese festen Segmente sollte nicht überschritten werden.

Fokuszeit

Wahrscheinlich werden es andere nicht mögen, wenn Sie sich lediglich auf eine Sache konzentrieren. Sie werden nämlich dann weniger Zeit für die Probleme anderer haben. Wenn sich Kollegen mit einer Frage an Ihrem Schreibtisch einfinden, werden Sie nicht sofort reagieren können. In einigen Fällen können die Kollegen vielleicht sogar ihre Arbeit nicht fortsetzen, wenn die Frage nicht beantwortet wird. Doch wenn Sie helfen, wird Ihre Arbeit liegenbleiben und der Druck auf Sie erhöht sich. Natürlich können Sie dann auch nicht erwarten, dass Ihnen sofort geholfen wird, wenn Sie einmal unangekündigt am Schreibtisch der Kollegen auftauchen. Im üblichen Budget der Programmierer ist es nicht einkalkuliert, einander zu helfen – und das ist ein Problem, weil gleichzeitig trotzdem erwartet wird, dass sie Teamspieler sind.

Wenn Sie den Hilfekreis das erste Mal durchbrechen, werden Ihre Kollegen nicht gut auf Sie zu sprechen sein. Sie ändern die Regeln des Spiels, und es wirkt sehr egoistisch, wenn Sie versuchen, einen klaren Kopf zu behalten und sich zu konzentrieren. Glücklicherweise gibt es eine einfache Lösung für dieses Problem: Reden Sie mit Ihren Kollegen.

Schlagen Sie die Steigerung der Produktivität bei einer Teamsitzung vor. Legen Sie Zeiten fest, in denen Sie sich konzentrieren wollen, und Zeiten, in denen Sie für Diskussionen zur Verfügung stehen. Diese Fokuszeit sollte nie unterbrochen werden, es sei denn für ernsthafte Schwierigkeiten wie zum Beispiel Server-Ausfälle. Eine meiner Schwerpunktzeiten liegt in der Regel zwischen 10 und 13 Uhr. In diesen Stunden verfüge ich über ein gutes Energieniveau. Sie sind normalerweise in vier oder fünf Aufgabensegmente eingeteilt, mit ein paar Minuten Pause dazwischen. Unabhängig wie gut oder schlecht der Tag verlaufen mag, für mich ergibt sich ein großer Unterschied, über diese drei produktiven ablenkungsfreien Stunden zu verfügen.

Wenn Sie sich auf diese Fokuszeiten geeinigt haben, vergessen Sie nicht, sich wirklich zu konzentrieren. Selbst das Twittern und E-Mail-Schreiben an Freunde muss vermieden werden. Andernfalls wird Ihr Team verärgert sein und die Fokuszeiten nicht mehr respektieren. Vergessen Sie auch nicht, die Fokuszeiten anderer zu respektieren. Für die Teamarbeit ist es von Vorteil, wenn sich diese Zeiten überlappen.

Fokuszeiten korrelieren sehr gut mit Zeiten, in denen viel anfällt. Die täglichen Besprechungen mit dem Team könnten nach einer solchen konzentrierten Arbeitsphase liegen, in der viele Dinge erledigt wurden, denn während der Sitzung können Fragen diskutiert werden, die in der Fokuszeit aufgeworfen wurden.

Wenn Sie junge oder neue Mitglieder in Ihrem Team haben, die möglicherweise noch nicht über die Fähigkeit verfügen, ihre Fokuszeit vollständig zu nutzen, kann es sinnvoll sein, die Regeln für sie zu lockern. Sobald sie jedoch in vollem Umfang produktiv sind, müssen die Regeln wieder vollständig gelten.

Stuhl-Zazen

Zazen bedeutet sitzende Meditation.

In Zen-Klöstern sitzen Sie auf einem Zafu, einem kleinen Sitzkissen, während Ihre Knie sich auf einem Zabuton befinden, einer Art Sitzmatte. Sie meditieren mit leicht geöffneten Augen, um nicht einzuschlafen. In der Rinzai-Schule müssen Sie Ihr Kōan lösen (Jap.: 公案). In der Soto-Schule wird es bevorzugt, überhaupt nicht zu denken und „einfach nur zu sitzen". Dies wird als Shikantaza (Jap.: 只管打坐) bezeichnet. Wenn Sie mehr über die Details des Zazen lernen möchten, empfehle ich das Buch „Zen Mind, Beginners Mind" von Shunryu Suzuki (Suzuki, 2011).

Zazen ist die wichtigste Übung im Zen. Ein Zafu können Sie jedoch nicht mit ins Büro nehmen. Sie müssten einen Ort finden, an dem Sie ungestört sind. Aber selbst wenn sich eine solche Stelle finden lässt, gibt es ziemlich viele Leute, die nicht gern im Lotussitz Platz nehmen. Es ist eher unbequem.

Eines Tages, an dem ich von meinem Job als Projektmanager ziemlich erschöpft war, fühlte ich mich, als würde mein Kopf explodieren. Mich erwartete das Chaos Dutzender Telefongespräche und E-Mails. Außerdem näherte sich alle paar Minuten ein anderes Teammitglied mit Gesprächsbedarf meinem Schreibtisch. Ich fühlte den Schweiß durch mein Hemd weichen. Mein Gesicht wurde rot wie eine Clownsnase, und mein Herz schlug so schnell, wie ich es nie für möglich gehalten hatte. Irgendwann zwischen den Anrufen musste ich ein schwieriges Problem lösen, konnte die richtige Lösung aber nicht finden. Ich hätte für ein paar Minuten darüber nachdenken müssen. Sogar noch länger – selbst ohne die Telefonunterbrechungen hätte ich eine Weile gebraucht, um vom Adrenalinhoch herunterzukommen.

Ich musste mich beruhigen. Und zwar schnell.

Also bat ich einen Kollegen, alle Anrufe für die nächsten fünfzehn Minuten anzunehmen. Ein kleines Schild an der Tür teilte Besuchern mit, dass ich keine Fragen beantworten würde, bis das Schild wieder verschwand. Dann drehte ich meinen Stuhl um und starrte auf die Wand, an der eine große Uhr hing. Ich fühlte mich sicher und wohl, weil mich niemand sehen konnte. Ich versuchte, gerade zu sitzen und auf meine Atmung zu achten. Sie war hektisch und unkontrolliert. Es dauerte ein paar Minuten, bis ich wieder normal atmen konnte. Mein Herzschlag beruhigte sich ebenfalls. Mein Blutdruck sank auf ein normales Maß. Allerdings bekam ich plötzlich starke Kopfschmerzen, die ich vorher nicht verspürt hatte. Ich akzeptierte diesen Umstand, und bald verschwanden sie wieder. Auf diese Weise saß ich ungefähr zehn Minuten mit halb offenen Augen in diesem Stuhl, starrte auf die Uhr und achtete auf meine Atmung. Mein Kopf war gefüllt mit Gedanken an die Arbeit, aber ich versuchte, mich auf das Atmen zu konzentrieren. Schließlich verlangsamten sich auch die Gedanken. Die nächsten fünf Minuten saß ich einfach bequem auf dem Stuhl und schaute durch das Fenster. Das war der Zeitpunkt, an dem ich eine Entscheidung traf.

Das ist nicht wirklich Zazen, da die richtige Form und Philosophie fehlen. Es ist eher Büromeditation – Stuhl-Zazen. Etwas, das wir Programmierer leicht ausüben können. Ich tue es immer noch, wenn ich das Gefühl habe, dass mich meine Arbeit überwältigt oder ermüdet. Nach zehn Minuten habe ich mein Gleichgewicht wiedererlangt und kann so schnell arbeiten wie immer.

Viele Arbeitgeber, die ich kenne, stören sich nicht daran, wenn Sie sich eine kurze Auszeit nehmen. Zum Programmieren gehört schließlich nicht allein das Tippen, sondern auch das Nachdenken, Abwägen und Entscheiden. Vieles wird in unseren Köpfen erledigt, bevor es seinen Weg in einen Computer findet. Fürchten Sie sich nicht davor, Ihre Hände von der Tastatur zu nehmen und eine Weile an die Wand zu starren. Sie dürfen dabei nur nicht einschlafen oder über Ihre Freizeit nachdenken. Stuhl-

Zazen sollte zur Meditation und nicht zum Vergnügen genutzt werden.

Büro-Kinhin

Kinhin ist eine Art der Meditation, die in der westlichen Welt (im Vergleich zu Zazen, der Sitzmeditation) eher unbekannt ist. Kinhin wird in Kombination mit Zazen verwendet. Kinhin ist eine Meditation des Gehens. Vielleicht haben Sie schon einmal Mönche langsam (manchmal auch sehr schnell) in einer Reihe gehen sehen. Das ist Kinhin.

Inzwischen übe ich Kinhin auch im Büro aus. Vor allem, wenn ich zwischen den Aufgabenblöcken über eine längere Zeit der Konzentration verfüge. Es dauert nicht lange, aber es hilft mir, wenn ich die Konzentration verliere, wenn ich müde bin oder wenn ich mich fühle, als würde mein Kopf explodieren. Im Sommer gehe ich nach draußen und atme etwas frische Luft ein.

Wenn Sie damit beginnen möchten, empfehle ich Ihnen, einen guten Weg auszuwählen. Ein guter Weg ist einer, der keine kognitive Arbeit erfordert, während man ihn nutzt: wenig Ampeln, nicht zu viele gefährliche Straßen, die es zu passieren gilt. Vermeiden Sie auch laute Orte und Plätze mit vielen Menschen. Wenn möglich suchen Sie sich einen nahe gelegenen Park mit Bäumen, Vögeln und vielleicht ein wenig Wasser. Ich nutze auch die Halle oder den Flur meiner Firma. Es ist wichtig, dass man ohne Ablenkung und ohne zu sprechen geht. Die Umwelt muss nicht schön sein, aber es hilft.

Natürlich können Sie Kinhin so lange ausüben, wie Sie

wollen, aber 20 Minuten sind eine gute Länge für einen Spaziergang. Wenn die Zeit knapp ist, reichen auch ein paar Minuten - das hilft ebenfalls.

Beim Gehen schaue ich auf den Boden. Gehen Sie langsam und konzentrieren Sie sich auf Ihren Atem. Lassen Sie ihn fließen, ohne zu hetzen oder zu langsam zu werden. Atmen Sie natürlich. Für mich dauert ein Atemzyklus vier Schritte.

Wenn Sie es geschafft haben, entsprechend zu atmen, können Sie versuchen, sich Ihrer Füße bewusst zu werden. Atmen und spüren Sie, wie die Ferse die Erde berührt, wie der Ballen nach unten geht und wie schließlich Ihre Zehen die Bewegung zu Ende bringen. Gehen Sie anstatt zu denken. Lassen Sie mögliche Probleme mit dem Code oder anderen Geschäftsärger für diese wenigen Minuten des Kinhins hinter sich und laufen Sie.

Schlaf

Ist ein Nickerchen dumm?

Der Künstler Salvador Dali hat etwas erfunden, das er „Schlummern mit Schlüssel" nannte. Eines Nachmittags nahm er einen Schlüssel in die Hand, als er müde wurde, und setzte sich auf einen Stuhl, um ein Nickerchen zu machen. Als der Schlüssel zu Boden fiel, wurde Dali durch den plötzlichen Lärm geweckt. Er behauptete, sein „physisches und psychisches" Sein würde während dieser Zeit wiederbelebt werden. Albert Einstein soll ähnliche Nickerchen gehalten haben.

Wenn das Internet nicht lügt, haben viele berühmte Menschen zwischendurch ein Schläfchen gehalten.

Winston Churchill war ein Schlummerer. Er hatte sogar sein eigenes Bett im Unterhaus des Parlaments. Er glaubte daran, dass die Nickerchen der Schlüssel zu seinem Erfolg im Zweiten Weltkrieg waren.

Napoleon, John F. Kennedy, Ronald Reagan and Thomas Edison haben oft zwischendurch geschlafen. Sie können dies im Netz nachlesen.[12].

Schlaf ist etwas Wesentliches. In den 60er Jahren hofften manche Leute darauf, dass die moderne Technologie uns von der harten Arbeit befreien und uns zu einer Gemeinschaft der Verbraucher machen würde. Wir scheinen heutzutage jedoch noch mehr zu arbeiten als zuvor. Mit der Ankunft von Smartphones und Tablets arbeiten wir zu jeder Zeit, an jedem Ort. Wir arbeiten selbst dann noch, wenn wir so müde sind, dass wir nicht mehr denken können. Um uns in den Sattel zu helfen, trinken wir Kaffee. Oft höre ich die Leute sagen: „Wow, bin ich schon wieder müde, nach nur sechs Stunden Arbeit!" Warum weigern wir uns, zu akzeptieren, dass wir nach ein paar Stunden Arbeit ermüden? Warum bewerten wir Arbeit und viele andere Dinge, wie Computerspiele, höher als eine der wichtigsten Grundlagen für unsere Gesundheit?

Ich habe noch nie einen Kollegen gesehen, der ein Nickerchen im Büro macht. Ich bin mir nicht sicher, warum – vielleicht aus Angst, andere könnten ihn für faul halten.

---

[12] http://artofmanliness.com/2011/03/14/the-napping-habits-of-8-famous-men

Vielleicht lässt es uns schwach erscheinen. Ich weiß es nicht, aber mit dem Gedanken an Dali, Einstein und Churchill im Hinterkopf würde ich auf keinen Fall über jemanden schlecht reden, der im Büro ein kurzes Schläfchen hält.

Seien wir ehrlich: Es gibt oft andere Gruppen von Menschen, die unglaubliche Macht über uns ausüben. Ihre Namen sind Kunden, Chefs und Kollegen. Wir nennen uns „freie Menschen" oder „Individualisten", aber wir verfügen nicht über die Freiheit, dann ein Nickerchen zu machen, wenn unsere Körper danach verlangen.

Wie traurig.

Schlafen Sie, wenn Sie müde sind

Lin-Ji sagte einst (LUC, 2013):

> Leere den Darm, uriniere, zieh Kleidung über, iss etwas and leg dich zur Ruhe, wenn du müde bist. Narren mögen über mich lachen, aber der Weise versteht mich.
>
> Lin-Ji (um 845 u. Z.)

Lin-Ji war der Gründer der Rinzai-Tradition, einer beliebten, aber sehr strengen Schule des Zen. Das Zitat könnte auch neu formuliert werden: „Schlaf, wenn du müde bist, und iss, wenn du hungrig bist."

Viele berühmte Menschen der Geschichte schliefen, wenn sie müde waren. Warum also nicht auch Sie?

Sie könnten zum Beispiel nur die Hälfte der Mittagspause essen und den Rest der Zeit mit einem Nickerchen in
einer Lounge verbringen. Einige große Unternehmen bieten einen solchen Raum bereits an. Oder vielleicht können
Sie auch lernen, ein Schläfchen auf einem Stuhl wie Dali
zu machen. Im besten Fall kann man sogar die Bürotür
absperren, ohne gestört zu werden. Bevor ich etwas über
Zen lernte, war ich manchmal so müde, dass ich in der
Mittagspause zu meinem Auto ging, um dort eine Stunde
zu schlafen.

Lassen Sie uns in der Art des Zen auf uns selbst schau-
en; wir sind Menschen. Wir brauchen nicht viel, um zu
überleben, nur ein sicheres Zuhause, etwas Essen, Wasser
und eine Art Kleidung, um uns warm zu halten. Das ist
alles.

In unserer modernen Welt glauben wir jedoch, das
wäre nicht genug. Wir wollen ein tolles Auto oder einen
iPod besitzen und so oft wie möglich zum Abendessen
ausgehen. Wir betrachten dies als luxuriösen Lebensstil
und befürchten, wir hätten eine schlechteres Leben, wenn
wir diese Dinge nicht erreichen. Um diese Vorstellung vom
Glück wahr werden zu lassen, arbeiten wir wie die Irren
und ignorieren unsere Körper. Manchmal essen wir nicht,
wenn wir hungrig sind, und manchmal schlafen wir nicht,
wenn wir zur Ruhe kommen müssten. Wir können es nicht,
weil wir sonst möglicherweise unseren Komfort verlieren.

Versuchen Sie trotzdem, wie im Zen angestrebt, dann
zu schlafen, wenn Sie müde sind. Es ist schwierig, aber
das sollte es nicht – es ist eine grundlegende Funktion des

menschlichen Lebens.

Das perfekte Nickerchen

Das Nach-dem-Mittagessen-Gefühl: satt und zu müde zum Arbeiten. Die einzige Hoffnung besteht darin, irgendwie die Kaffeemaschine zu erreichen. Dieses Gefühl traf mich regelmäßig, daher beschloss ich irgendwann, das Mittagessen einzustellen. Danach war ich nicht mehr müde, nur noch hungrig, und der Hunger hielt mich wach.

Um ehrlich zu sein, war es keine besonders gute Idee, auf diese Weise zu leben.

Nach einer Weile fühlte ich mich nämlich ziemlich gestresst und im Allgemeinen nicht besonders gesund. Also begann ich wieder, zu Mittag zu essen. Diesmal jedoch kleinere Portionen. Mein Essen war reduziert, wie zum Beispiel auf Reis mit Soja. Dieses Vorgehen half zwar ein wenig, aber ich war am Nachmittag immer noch müde. Schließlich begann ich damit, ein Schläfchen zu machen, wenn ich mich zu müde fühlte, um zu arbeiten. Oft reichten schon ein paar Minuten wie bei Dali. In seltenen Fällen benötigte ich 30 Minuten. Ich wollte nicht länger ruhen, weil ich sonst nicht in der Lage war, wieder in einen normalen Tagesablauf zu kommen.

Ich recherchierte ein wenig zu meinen Erfahrungen und erfuhr, dass Wissenschaftler EEGs[13] einsetzen, um die Geheimnisse des Schlafs aufzudecken. Inzwischen wird der

---

[13]EEG steht für Elektroenzephalogramm. Das ist eine Maschine, die elektrische Aktivität des Gehirns durch das Ausdrucken der Wellen auf Papierrollen anzeigt.

Schlaf in fünf Phasen unterteilt.

Phase 1 ist der Beginn des Schlafs. Sie ist sehr leicht, und die Muskeln beginnen, sich zu entspannen. Dali würde seinen Schlüssel in dieser Phase verlieren. Phase 2 bringt Sie in die Phasen 3 und 4, die wir „Tiefschlaf" nennen. Schließlich gibt es noch den REM-Schlaf. Das EEG verzeichnet Alpha-, Beta-, Theta-und Delta-Wellen, nach denen die ersten vier Phasen benannt werden. Um den REM-Schlaf festzustellen, wird nicht zwingend ein EEG gebraucht. Ein Mensch befindet sich in der REM-Phase, wenn seine Augäpfel sich hinter den geschlossenen Lidern schnell hin und her bewegen.

Genau wie für Dali ist es für mich am besten, in Phase 1 zu bleiben. Es ist ja auch oft besser und effizienter, den Browser zu aktualisieren (meinen Geist) anstelle des Betriebssystems (meinen Körper).

Lin-Ji hat nicht an EEG-Wellen gedacht. Er hat wahrscheinlich nicht so viel über Schlaf gewusst, wie wir es heute tun. Aber er hatte recht, als er uns empfahl, dann zu schlafen, wenn wir müde sind.

Schlafmangel

Sie können auch in Zen-Klöstern leicht an Schlafmangel leiden.

Es gibt eine Reihe von Geschichten, in denen angehende Mönche drei Tage lang vor dem Eingang eines Rinzai-Klosters warten. Sie schlafen nicht, sie setzen sich nicht. Sie klopfen von Zeit zu Zeit an die Türen, nur um die Treppe hinuntergeworfen zu werden. Wenn Sie eintreten, gibt es keine Zeit zum Ausruhen: Eine Menge unerwünschter

Arbeiten warten auf sie. In einigen Klöstern stehen die
Mönche um 3 Uhr morgens auf. Ihr Tag ist angefüllt mit
harter Arbeit, und es ist nicht verwunderlich, dass nicht
wenige von ihnen während der Meditation einschlafen.
Warum respektieren sie nicht Lin-Jis Ratschlag und
schlafen, wenn sie müde sind?

Zen lehrt viele Dinge. Eines davon ist, dass man sich
selbst und sein Ego vergisst. Nur ohne den Ballast von
Wunsch und Verlangen ist es möglich, den endlosen Kreislauf der Wiedergeburten zu verlassen. Es ist sehr schwer,
dieses Ziel zu erreichen. Zen-Übende gehen einen sehr ra-
biaten Weg: Sie versuchen, Ihre Anstrengungen, Müdigkeit,
Leiden, Mühen nicht mehr in den Mittelpunkt zu stellen.
Es wird versucht, das „Ich will schlafen" abzuschütteln. Die
Theorie dahinter ist recht kompliziert, und ich möchte es
daher nicht unnötig vertiefen. Für Laien ist dieser Übungs-
weg kaum zu bewältigen, und deswegen sollten wir anders
üben.

Auch wenn die Praxis des Mönchs ehrenhaft ist, wir
haben auch noch über andere Dinge nachzudenken, da wir
uns ja nicht für ein spirituelles Leben entschieden haben.
Wir werden es wahrscheinlich nicht immer schaffen, dann
„zu schlafen, wenn wir müde sind". Es ist nicht einfach, das
zu erreichen, aber wir können es trotzdem zu unserem Ziel
machen und ein paar gute Gründe dafür finden.

Erstens, wenn Sie müde sind, sind Sie nicht effizient. Da
nützt es auch nichts, wenn Ihr Chef über Ihre Nickerchen
klagt. Ihre Augen sind vielleicht offen, aber das ist keine
Garantie dafür, dass Sie tatsächlich über das nachdenken,

was Sie tun, oder dass Sie effizient Ihren Code schreiben.

Zweitens, Kreativität geht Hand in Hand mit dem Schlaf. Software wird im Kopf geschaffen. Das macht es zu einer kreativen Aufgabe, auch wenn ich nicht sagen würde, dass Software etwas mit Kunst zu tun hat. Es wird behauptet, dass Albert Einstein seine besten Ideen bekam, wenn er ungefähr zwölf Stunden lang schlief. Studenten, die sich auf Prüfungen vorbereiten, wären gut beraten, ins Bett zu gehen und zu schlafen, nachdem sie etwas Wichtiges gelernt haben. Schlaf hilft, das neu gesammelte Wissen zu organisieren. Erfahrungen werden verarbeitet, neue Ideen entstehen. Schlaf entfernt Bio-Abfälle aus dem Körper.

Arbeit ohne Ferien

Eine Reitlehrerin, die ich kenne, reist viel, um Kurse zu geben. Sie sagte einmal zu mir, jeder sollte in einer Weise arbeiten, mit der er keine Ferien benötigt.

In Deutschland arbeiten wir oft von 8 bis 17 Uhr. Es gibt wenig Zeit für Privates, einfach nur Arbeit mit einer kurzen Mittagspause. Sie arbeiten hart, und schließlich können Sie sagen: „Wow, der Tag ist endlich vorbei!" Der Abend wird häufig vor dem Fernseher verbracht. Die besten Stunden des Tages wurden im Büro zugebracht, manchmal ohne Leidenschaft und ohne Energie. Am Abend reicht die Energie dann nicht mehr für etwas anderes Interessantes.

Nach ein paar Monaten wird die Erschöpfung steigen, und wir „brauchen" die „verdiente" Pause: Ferien.

Eine Zeit lang habe auch ich auf diese Weise gelebt.

Es hat mich krank gemacht, und so entschied ich mich schließlich für den Leitsatz „Schlaf, wenn du müde bist". Heute arbeite ich mehr denn je. Ich arbeite jeden Tag, einschließlich Samstag und Sonntag. Aber ich fühle mich weder erschöpft noch brauche ich Urlaub. Mein letzter Urlaub war vor zweieinhalb Jahren (zum Zeitpunkt des Schreibens dieses Buches im April 2013). Natürlich darf man sein Leben genießen und verreisen. Die Frage ist nur, ob man diese kurze Zeit vollkommen erschöpft am Strand „ausschläft", um sich von den Strapazen des Alltags zu erholen, oder ob man sogar schon bereits erholt in den Urlaub fährt.

Es passiert sogar manchmal, dass ich am Nachmittag nichts zu tun habe. Vor Kurzem gab es einen Tag, an dem nach einem langen, dunklen Winter endlich wieder die Sonne herauskam und ich keine Termine hatte. Also hörte ich auf zu arbeiten und ging stattdessen mit meiner Familie nach draußen.

An anderen Nachmittagen spiele ich die Shakuhachi. Es erfrischt mich und bereitet mir Freude. Das passiert, wenn ich von der Tech-Welt vorläufig genug habe.

Mit anderen Worten: Ich weigere mich, von 8 bis 17 Uhr zu arbeiten. Es ist einfach eine schlechte Idee. Ich kann selbst entscheiden, wann ich arbeite, weil ich selbstständig bin. Ich arbeite, wenn ich motiviert bin. Manchmal ist das spät in der Nacht, wenn ich eine gute Idee für ein neues Feature habe. Manchmal ist es früh am Morgen, denn durch die Vogelstimmen fühle ich mich wohl. Aber ich arbeite nie, wenn mein Sohn meine Aufmerksamkeit benötigt, wenn mir die Energie fehlt oder wenn ich müde bin.

Diese Vorgehensweise hat sich nicht nur als gut für mich und meine Familie erwiesen, sondern auch für meine Kunden. Sie bekommen einfach das Beste, das ich geben kann.

Als ich meine Arbeitsweise geändert habe, wurden mir ein paar Sachen bewusst:

1. Ich habe immer ein hohes Energieniveau.
2. Ich bin sehr motiviert bei allem; meiner Familie, der Arbeit und in meiner Freizeit.
3. Mein Leben fühlt sich an, als wäre ich ständig im Urlaub.
4. Die Qualität meiner Arbeit ist höher.
5. Meine Kunden sind ebenfalls zufriedener.

Natürlich scheitere ich auch hin und wieder damit. Es gibt unvorhergesehene Probleme, die mein friedliches Leben stören. Das Wort „Stress" kenne ich immer noch. Aber die Gesamtsituation lässt mich besser mit Stress umgehen.

Trinken Sie Tee

Haben Sie schon von Cha-do gehört? Es wird als „Weg des Tees" übersetzt und bezeichnet eine weitere Zen-Praxis, in der Sie einem strengen Ritual des Teetrinkens folgen. Es ist sehr schwierig. Sie müssen besonderen Regeln folgen, wie Sie den Tee zubereiten, wie Sie den Tee trinken und wie Sie alles säubern. Es ist eine elegante Übung.

Ich trinke Kaffee, viel davon. Vielleicht zu viel. Bis zur Mittagszeit können Sie immer eine Tasse Kaffee auf meinem Schreibtisch finden. Ich trinke ihn, während ich arbeite. Dabei wird er oft kalt, aber das kümmert mich nicht. In seltenen Fällen wird mein Kaffee sogar kalt, bevor ich ihn probieren konnte. Für mich ist Kaffee nichts Besonderes.

Wenn Sie Kaffee wie ich trinken, dann unterscheidet sich das sehr von Cha-Do. Wir trinken Kaffee, um wach zu bleiben, auch wenn es nicht gesund ist. Wir widmen Kaffee keine besondere Aufmerksamkeit.

Aber warum sollten Sie nicht ein- oder zweimal am Tag in Ihre Büroküche gehen und den Kaffee (oder Tee) mit besonderer Liebe zum Detail zubereiten?

Sie können es zu Ihrem eigenen Ritual machen. Kaufen Sie die besten Kaffeebohnen. Mahlen sie die Bohnen von Hand und verwenden Sie einen dieser Kaffeekocher, die Sie auf den Herd setzen müssen. Bereiten Sie auch den Schaum von Hand. Es dauert etwa zehn Minuten. Nehmen Sie sich noch einmal zehn Minuten und trinken Sie den Kaffee. Konzentrieren Sie sich auf jeden Schluck, den Sie nehmen. Räumen Sie hinterher schweigend auf und kümmern Sie sich um jeden einzelnen Schritt während des Rituals.

Ich habe festgestellt, dass mein „Ritual" für mich noch besser funktioniert, wenn ich Tee trinke. Weil es für mich ein außergewöhnliches Getränk ist, und als ein außergewöhnliches Ereignis hilft es mir, aus der Arbeitsroutine herauszutreten. Ich habe viel über Tee gelernt, seit ich ihm mehr Aufmerksamkeit widme. Und ich bemühe mich jedes Mal darum, den Tee so gut wie möglich aufzubrühen.

Vergessen Sie nicht, das Sprechen zu vermeiden, während Sie Tee trinken. Wenn Sie dabei von Kollegen gestört werden, machen Sie deutlich, dass Sie Tee zubereiten. Sollte das nicht helfen, unterbrechen Sie Ihre Vorbereitungen, konzentrieren Sie sich auf die Kollegen und setzen Sie das Ritual später fort. Sie benötigen die volle Aufmerksamkeit für den Tee, es ist kein einziger Gedanke übrig für die Arbeit, der Sie entkommen möchten.

Reinigen Sie Ihr Geschirr. Das ist nicht verhandelbar und Teil des Rituals. So wie Sie die Tasse vorbereitet und sie mit Wasser von Hand gefüllt haben, sollten Sie auch Ihr Geschirr von Hand reinigen. Reinigen Sie es in einer Weise, dass Sie es kaum erwarten können, es für das nächste Ritual zu verwenden.

Eine saubere Umgebung

Von Programmierern wird erwartet, dass sie ihre Arbeit erledigen, egal wie viel es ist. Wir haben oft Schwierigkeiten, alle unsere Pflichten in Einklang zu bringen. Das kann dazu führen, dass wir so früh wie möglich an unsere Tastatur kommen und so spät wie möglich wieder gehen. Jede Sekunde zählt.

In Zen-Klöstern ist das Aufräumen Teil der täglichen Pflichten. Manchmal scheint es mir, als ob Mönche die Hälfte des Tages meditieren und die andere Hälfte aufräumen. Eine saubere Umgebung ist nicht nur für die Küche notwendig, es ist eine absolute Voraussetzung für Zen-dō

(Jap.: 禅堂).[14] Sie können sich einfach nicht auf Ihren Atem
konzentrieren, wenn alles staubig ist. Sie können Ihren
Blick nicht in einer festen Position halten, wenn tausend
Sachen herumliegen.

Oder können Sie sich auf das Schreiben eines Codes
konzentrieren, wenn Ihre Finger immer wieder die Scho-
kolade zwischen den Tasten berühren? Können Sie Ihren
Kaffee genießen, wenn drei andere Tassen aus den vergangenen Tagen herumstehen? Ist ein staubiger Bildschirm
nicht lästig?

Wie sollen wir uns um unsere Software kümmern,
wenn wir uns nicht einmal um unsere Schreibtische kümmern können?

Alles ist miteinander verbunden: der Geist, der Körper
und die Umgebung.

Möglicherweise können Sie guten Code in einer schmut-
zigen Umgebung schreiben. Aber Sie werden zusätzliche
Energie benötigen, um die richtige Konzentration und Stimmung zur Vervollständigung Ihrer Aufgabe zu finden.

Mit ein paar Minuten täglich können wir einen sauberen Schreibtisch und eine frische Arbeitsatmosphäre herstellen. Es ist Ihre Verantwortung allein, nicht die der
Putzfrau. Bereinigen Sie Ihren eigenen Schmutz. Es gibt
schließlich auch keine Entschuldigung, wenn die Putzfrau
einmal krankgeschrieben ist.

Auf Ihrem Schreibtisch sollten sich nur die Dinge be-

---

[14]Der Raum der Meditation. Zen-dō finden sich nicht nur in Klöstern, im Grunde ist jedes Zimmer, in dem Zen praktiziert wird, ein
Zen-dō.

finden, die Sie unmittelbar brauchen. Es gibt nichts, das für „später" oder „irgendwann" ist.

Achten Sie aufs Ambiente. Ihre Augen müssen sich vom Bildschirm entspannen können. Sie sollten in der Lage sein, den Blick durch den Raum schweifen zu lassen, ohne dass Ihre Aufmerksamkeit an etwas hängen bleibt. Störende Bilder oder ungeöffnete Kisten bringen definitiv nichts Gutes. Ihr Büro ist kein Loch. Wenn es für eine Sache nicht den richtigen Platz gibt, gehört sie nicht ins Büro. Ihr Büro ist Ihr Zen-dō - behandeln Sie es so.

Machen Sie Pausen: Sesshin

Von Zeit zu Zeit üben Mönche und interessierte Menschen wie ich nicht nur die üblichen täglichen Meditationen aus, sondern ziehen sich auch in sogenannte Sesshin zurück (Jap.: 接心). Ein Rückzug dieser Art besteht aus Tagen intensiver Konzentration. Mir wurde gesagt, dass es vieler Tage bedarf, um den „Geistaffen" zur Ruhe zu bringen. Dies ist eine Voraussetzung, um die eigene Natur zu erkennen. Es scheint, dass diese Idee im Rinzai-Zen verwurzelt ist, aber ich habe dafür keine ausreichende Quelle gefunden, um dies zu belegen.

Als ich das erste Mal für drei Tage lang nur saß, fühlte ich Schmerzen, die ich nie für möglich gehalten hätte. Meine Beine taten mir weh, und am letzten Tag fiel es mir schwer, mich auf die Übung und nicht auf meine schmerzenden Gliedmaßen zu konzentrieren. Es wird empfohlen, zwischen den Sitzzeiten, die in der Regel bis zu 30 Minuten dauern, eine Kinhin-Übung zu absolvieren. Das entspannt die Füße und sorgt dafür, dass Sie sich weiter konzentrieren können. Mit der Zeit lernte ich, es zu lieben.

Mehrere Male im Jahr widmen sich Zen-Mönche dem Sesshin. Die Türen der Klöster sind geschlossen, und eine Zeit der intensiven Meditation beginnt. Fast den ganzen Tag lang sitzen die Mönche schweigend in der Meditationshalle. Der Rest des Tages ist angefüllt mit harter Arbeit. Normalerweise ist es eine Zeit, in der das Sprechen verboten ist. Die Mönche werden in der Stille allein gelassen, und es gibt nichts anderes zu tun, als Zen zu üben.

Die Regeln für das Sesshin unterscheiden sich von Kloster zu Kloster. Manchmal dauert es nur ein paar Tage, aber ich habe auch schon von Sesshins gehört, die einen ganzen Monat lang dauern.

Klöster sind manchmal für Besucher geöffnet. Sie können vielleicht einem Sesshin Ihrer lokalen Zen-Gruppe beiwohnen. Aber man könnte auch von der Idee eines Sesshins profitieren, ohne gleich einen Monat lang wie ein Mönch zu leben.

Wenn ich hart arbeite, merke ich manchmal, dass mein Ego wächst. Was heißt das?

Plötzlich wird meine Arbeit immer wichtiger, und meine Kunden oder mein Chef können mich auf einer persönlichen Ebene beeinflussen. Ich halte mich für bedeutend. Und das ist der Zeitpunkt, an dem ich ein „Sesshin" nehme.

Bevor ich begann, zu tatsächlichen Sesshins zu gehen, waren manche freien Tage ein Äquivalent dazu. Man muss nur sicherstellen, dass es richtige „Feiertage" sind. Treten Sie aus der Geschäftswelt heraus. Verzichten Sie auf den

Computer. Genießen Sie die reale, nicht-virtuelle Welt. Widmen Sie sich der Familie und der Natur. Es gibt eine Menge fantastischer sportlicher Aktivitäten. Konzentrieren Sie sich darauf, gutes Essen zu kochen. Besuchen Sie Freunde. Pflegen Sie Ihren Garten. Es gibt viele Möglichkeiten, sich zu beschäftigen, außerhalb unseres professionellen Umfelds.

Zur Zeit des Sesshins sind Körper, Gesundheit und Balance am wichtigsten. Zu Bürozeiten werden die meisten Ihrer Aufgaben mit dem Verstand erledigt. Aber in der Sesshin-Zeit sollte Ihr Körper mehr Priorität erhalten.

Und ja, das bedeutet auch, Ihr Handy nicht mitzunehmen.

Besiegen Sie den Affengeist (und den Pferdewillen)

„Der Verstand ist wie ein Affe", lautet ein buddhistisches Sprichwort[15]. Der Geist kann nicht still stehen. Eine Idee folgt der anderen. Im Büro hat der Affe alles, was er braucht, um uns abzulenken. Soziale Netzwerke und interessante Blogs sind nur einen Klick entfernt. Der Affengeist allein ist schon schwer zu besiegen. Aber der Affe hat auch noch einen Freund: das Pferd. Der Wille des Pferdes flüstert in Zeiten, in denen Sie einfach keine Minute zu verschenken

---

[15]Ich weiß nichts über die Herkunft der Redewendung, aber es wird sich in der buddhistischen Literatur oft darauf bezogen, genauso wie auf den „Willen eines Pferdes". Bitte lesen Sie dazu auch diesen Wikipedia-Artikel für weitere Informationen: http://en.wikipedia.org/wiki/Mind_monkey

haben: „Ich möchte meinen Freund sprechen. *Ich will!*" Die beiden in Kombination sind die Feinde des konzentrierten Arbeitens.

Das Aufräumen Ihres Schreibtischs ist eine Sache, die dabei hilft, konzentriert zu bleiben. Wir können auch unsere Computer reinigen, es ist jedoch nicht möglich, ihn vollständig zu bereinigen. Selbst wenn wir ein paar URLs deaktivieren, finden wir immer noch andere interessante Seiten. Wir könnten unsere Messenger-Software deinstallieren, aber möglicherweise benötigen wir sie später noch.

In den vergangenen Jahren bin ich auf ein paar Strategien gestoßen, die mir bei der Erhaltung meiner Konzentration geholfen haben. Ich habe sie nicht entwickelt, und in vielen Fällen können Sie mehr darüber im Internet lesen, trotzdem sollen sie hier genannt werden, um Ihnen vielleicht zu helfen, Ihre eigenen Strategien zu entwickeln.

To-Do-Listen

Wenn ich eine Notiz mache, geschieht das meistens, um eine Idee aus meinem Kopf zu bekommen. Danach muss ich keine Angst mehr haben, sie zu vergessen. Am Anfang habe ich einfache, aber lange Listen für alles Wesentliche geschrieben, die irgendwann unleserlich wurden. Also entwickelte ich mehrere Listen nach Prioritäten.

Langfristig gibt es die A-, B- und C-Listen. A kennzeichnet „höchste Priorität", und alles darauf muss in der laufenden Woche erfolgen. Die B-Liste zeigt Aufgaben, die bis zur nächsten Woche warten können oder sogar etwas länger, bis sie sich zu einer A-Priorität entwickeln. Auf der

C-Liste finden sich Dinge, die nicht so wichtig sind. Einige Elemente auf dieser Liste werden nie erledigt. Diese Liste ist mehr oder weniger eine Erinnerung an Ideen. Manchmal stellen sie sich als gut heraus, dann schaffen sie es auf die B-Liste.

Normalerweise ist meine A-Liste ziemlich voll und beschäftigt mich die ganze Woche lang. Wenn ich Glück habe, kann ich alle A-Aufgaben in derselben Woche erledigen. Manchmal ist es nicht möglich, und das ist ein Zeichen dafür, dass ich entweder überlastet bin oder Hilfe brauche. Wenn ich jedoch schnell bin, arbeite ich zusätzlich an B-Aufgaben.

Ich plane meine Woche jeden Montag, früh am Morgen. Jahre zuvor habe ich meine Planung noch am Sonntagabend erstellt, wie es in einem Buch empfohlen wurde, das ich gelesen hatte. Aber danach konnte ich nicht gut schlafen, wenn ich erkannte, wie viel Arbeit auf mich wartete. Also stehe ich jetzt lieber ein bisschen früher am Montag auf.

Ein Wochenplan ist immer noch wichtig für mich. Ich glaube jedoch nicht, dass es entscheidend ist, wie lange Sie arbeiten – es ist wichtig, wie viele Aufgaben Sie erledigen. Ich erstelle immer eine hohe, aber realistische Vorgabe für mich. Und ich bin hoch motiviert, diese Grenze zu erreichen.

Es gibt jedoch einen Nachteil bei Aufgabenlisten: Wenn sich zu viele Aufgaben darauf befinden, kann Sie das leicht frustrieren. Manchmal hilft es, sich zu erlauben, Dinge zu vergessen. Ich plane auch keine unwichtigen Aufgaben,

die nichts mit dem Geschäft zu tun haben. Ich akzeptiere,
dass ich ein Mensch bin. Daher darf ich auch mal etwas
vergessen. Es besteht keine Notwendigkeit zu planen, wann
ich Schwimmen gehe, ob ich ein Buch kaufe oder einen
alten Freund anrufen will. Diese Dinge werden mir in den
Sinn kommen, wenn ich dafür bereit bin. Ich möchte nur
sicherstellen, dass ich genug Zeit habe, damit sie geschehen
können.

Es gibt ein paar gute Werkzeuge, die dabei helfen, mit
Listen zu arbeiten. Wenn Sie Listen mögen, sollten Sie sich
folgende Links ansehen: Workflowy[16] oder Wunderlist[17].

Ich habe inzwischen mein To-do-Listensystem mit Kanban erweitert (siehe später) und verwende To-do-Listen nur
noch für die anfallenden Tagesaufgaben.

E-Mails: Die Zwei-Minuten-Regel und mehr

Mini-Aufgaben wie das Lesen einer E-Mail, die Reaktion
auf eine Einladung oder das Tätigen eines Geburtstags-
anrufs lenken Ihre Aufmerksamkeit schnell ab. Wenn Sie
wissen, dass Sie es tun müssen und Sie bereits wertvolle Sekunden mit Gedanken darauf verschwendet haben, führen
Sie die Aufgabe durch, wenn sie weniger als zwei Minuten
erfordert. Wenn sie allerdings länger als zwei Minuten
dauert, schreiben Sie die Aufgabe auf eine To-do-Liste.

Das einzige Problem bei dieser Strategie ist, dass Sie
womöglich zu viele dieser Aufgaben bekommen. Dann
müssen Sie die Strategie ändern.

---

[16] http://www.workflowy.com
[17] http://www.wunderlist.com

Es gab zum Beispiel Zeiten, in denen ich alle drei Minuten eine E-Mail erhielt. Mein E-Mail-Client informierte mich über jede eingehende Nachricht. Ich las sie, und 99 Prozent der E-Mails wurden sofort archiviert. Der Rest war wichtig, konnte aber für ein paar Stunden warten.

Laut Zwei-Minuten-Regel tat ich das Richtige. Ich wurde abgelenkt und sollte meinen Posteingang bereinigen. Aber die Ablenkung war zu groß. Ich beschloss daher, meine E-Mail-Gesamtzeit zu reduzieren, und schaltete den E-Mail-Client einfach für die meiste Zeit des Tages ab.

Ich verbrachte eine ganze Weile damit, meinen E-Mail-Filter zu konfigurieren, denn viele Nachrichten können sofort archiviert oder gelöscht werden. In Open-Source-Projekten, in denen man eine Menge Mails erhält, ist es entscheidend, sie nach den eigenen Wünschen einzuteilen. Filter helfen Ihnen, die Mail später zu lesen, ohne sie zu vergessen.

Wenn Sie eine leere Inbox vor sich sehen, haben Sie es gut gemacht.

Mit Filtern und den drei Einteilungen „Zu lesen", „ausdrucken" und „später" erlangte ich einen sauberen Posteingang. Diese Kategorien überprüfe ich von Zeit zu Zeit.

Zusätzlich habe ich ein persönliches Wiki auf einem meiner Webserver eingerichtet. Dort horte ich einiges Wissen; es ist eine Art virtuelles Notizbuch. Manche Leute bevorzugen Evernote[18], das es ermöglicht, mehr Wissen zu speichern. Ich bevorzuge mein Wiki für die Weblinks, die

---

[18]http://evernote.net

ich nutze Pocket[19].

Die Pomodoro-Technik

Die Pomodoro-Technik[20] ist eine Methode, mit der man sich auf eine einzige Aufgabe konzentrieren kann. Ausführliche Informationen dazu können Sie auf Pomodoro Webseite[21] finden. Wenn Sie die folgende Beschreibung interessant finden, sollten Sie es sich ansehen.

Im Grunde beginnt es mit einer To-do-Liste. Erstellen Sie eine solche Liste und sortieren Sie die Aufgaben nach Prioritäten. Dann nehmen Sie eine Küchenuhr und stellen Sie sie auf 25 Minuten. Arbeiten Sie an der ersten Aufgabe und versuchen Sie, sich darauf zu konzentrieren (das wird Pomodoro genannt). Wenn die Uhr klingelt, legen Sie für ein paar Minuten eine Pause ein. Dann beginnen Sie mit der nächsten Aufgabe. Nach vier dieser „Pomodoros" machen Sie eine längere Pause von 25 bis 30 Minuten.

Der Erfinder dieses Verfahrens empfiehlt das Erstellen von Aufgaben, die nicht mehr als fünf bis sieben Pomodoros in Anspruch nehmen. Er erklärt weiterhin, dass Sie Ihre ungeplanten Ereignisse auf Ihrer To-do-Liste verfolgen sollten (Telefonate, etc.). Wenn es nötig ist, fügen Sie eine neue Aufgaben hinzu, versuchen Sie aber, so schnell wie möglich, wieder an Ihren Pomodoros zu arbeiten.

Die Pomodoro-Technik ist sehr motivierend und führt

---

[19] http://www.getpocket.com
[20] Die Pomodoro-Technik® und Pomodoro™ sind eingetragene Handelsmarken von Francesco Cirillo.
[21] http://www.pomodorotechnique.com

zu guten Ergebnisse, wenn sie mit Sorgfalt angewandt wird. Allerdings habe ich auch schon jemanden erlebt, der seine Frau angeschrien hat, als sie ihn in der Mitte eines Pomodoro gerufen hat.

Man braucht etwas Übung, um fünf bis sieben Pomodoros erledigt zu bekommen. Seien Sie nicht enttäuscht, wenn Sie es nicht gleich beim ersten Mal schaffen. Pomodoro ist anstrengend, wenn es strikt befolgt wird. Vergessen Sie nicht, zu schlafen, wenn Sie müde sind.

Die Kette

Jerry Seinfeld ist Schauspieler und Comedian. Brad Isaac[22] traf ihn einmal, als er gerade auf Tour war, und hat darüber einen Artikel für Lifehacker geschrieben (Isaac, 2013).

Brad fragte Jerry, wie man ein besserer Comedian werden könne, und Jerry erwiderte, man solle einfach bessere Witze schreiben und jeden Tag üben. Wenn Sie jemals ein Instrument gelernt haben, dann wissen Sie, dass es ziemlich schwer ist, jeden Tag zu üben, und dass Sie eine Menge Disziplin dafür brauchen.

Jerry entwickelte ein Kalendersystem, das ihm dabei half. Im Grunde druckte er einen Monatskalender auf ein Blatt Papier aus, und wenn er übte, zeichnete er ein großes rotes Kreuz in den jeweiligen Tag. Nach ein paar Tagen war der Kalender voll mit roten Kreuzen, die er als „die Kette" bezeichnete. Es gibt nur eine Regel zu beachten: Lassen Sie die Kette nicht reißen.

---

[22]Sie können mehr von Brad auf seinem Blog lesen: http://www.persistenceunlimited.com/

Ich habe das Kettensystem beim Schreiben des ersten Entwurfs dieses Buchs verwandt. Ich habe es geschafft, die Kette bis auf wenige Ausnahmen zu erhalten. Ich empfand sogar Bedauern, wenn ich nicht die Zeit fand, um zu schreiben, und begann die Kette am nächsten Tag erneut. In der Hoffnung, sie nicht noch einmal zu brechen.

Dieses Buch enthält mehrere Kapitel. Zwischen den Kapiteln habe ich Pausen gemacht, denn ich musste über die Dinge nachdenken, die ich bereits geschrieben hatte. Es war einfach nicht möglich, die Kette für das ganze Buch aufrechtzuerhalten: Manchmal fehlte mir schlicht die Kreativität. Deshalb brach ich die große Buchkette in mehrere Kapitelketten, die für mich viel besser funktionierten.

„Die Kette" ist eine Technik, die ich sehr oft anwende, vor allem wenn ich etwas über neue Technologien lerne.

Kanban

Kanban ist hervorragend geeignet, wenn To-do-Listen allein nicht mehr ausreichen. Ursprünglich für die Automobilindustrie entwickelt, wird es inzwischen auch als Verfahren für die Softwareentwicklung genutzt. Es gibt Unterschiede zwischen der ursprünglichen Methode und der Art, wie Programmierer sie anwenden, aber das spielt keine Rolle. Kanban ist flexibel, und Sie sind aufgefordert, es an Ihr System anzupassen.

Es ist eigentlich ganz einfach: Ich nehme einen großen Bogen Papier und teile ihn mit einem Stift in vier Segmente: „To-Do", „In Arbeit", „Prüfen" und „Erledigt". Das wird die Kanban-Linie genannt. Darüber hinaus erstelle ich ein weiteres Blatt Papier, das an eine andere Wand geheftet wird. Dieses nenne ich die „Ideenwand". Anschließend schreibe ich Post-its für jede Aufgabe und klebe sie auf die Ideenwand.

Wenn ich mich entschließe, an einer Idee zu arbeiten, verschiebe ich die Post-its in den Abschnitt „To-Do". Dies ist eine Art Verpflichtung. Ich bin bereit, diese Aufgabe zu erledigen, das ist wie bei meinen Listen für A-Prioritäten.

Wenn ich mit einer Aufgabe beginne, schiebe ich den Zettel zu „in Arbeit". Dieser Abschnitt sollte nur ein paar Aufgaben beinhalten. Mein persönliches Maximum sind vier Elemente. Abhängig vom Volumen der Aufgaben sollten Sie eine kleinere Zahl in Betracht ziehen. Mehr als vier empfiehlt sich in den meisten Fällen nicht.

Einige Aufgaben müssen in den Bereich „Prüfen" geschoben werden. Dies kann passieren, wenn ein Kunde meine Aktionen bestätigen oder ich auf Zuarbeiten eines Dritten warten muss (zum Beispiel, wenn ich dieses Buch an den Drucker schicke und warte, bis es zurückkommt).

Schließlich gibt es einen „Erledigt"-Abschnitt. Sie könnten Ihre Notizzettel nach Beendigung der Aufgabe auch wegwerfen, aber ich empfand es als sehr motivierend, sie für eine Weile zu behalten. Wenn der Abschnitt sich schnell füllt, komme ich gut voran. Wenn sich nach einer Weile jedoch nichts ändert, sind meine Aufgaben entweder zu groß oder ich bin zu langsam.

Ich benutze Stift und Papier, und meine Wand ist voller Post-its. Aber es gibt viele digitale Kanban-Boards, einige von ihnen sogar kostenlos in der Grundversion.

Zwei Boards, die ich mag, sind:

- Kanbanery[23]
- AgileZen[24]

Trotzdem bin ich mehr ein Stift-und-Papier-Mensch. Ich benutze auch nur einen Papier- und keinen Smartphone-Kalender. Wenn Sie daran interessiert sind, warum ich lieber Papier benutze, hier sind einige Argumente dafür:

- Kosten: Es ist billiger. Sie brauchen nur für Papier, Post-its und einen Stift bezahlen. Außer den großen Papierbögen befand sich alles andere, das ich benötigte, schon auf meinem Schreibtisch.
- Lernen: Das Schreiben mit der Hand ist ein wichtiges Lernwerkzeug. Es verlangsamt Sie und zwingt Sie dazu, sich auf Ihre Gedanken oder Ideen zu konzentrieren. Das Schreiben mit der Hand involviert Ihren Körper stärker und verbessert das Erinnern. (The Telegraph[25])
- Datensicherheit: Die Cloud ist nicht so sicher, wie viele von uns denken. Amazon hat Cloud-Daten im Jahr 2011[26] verloren. Hacker könnten die Dienste

---

[23] http://www.kanbanery.com

[24] http://www.agilezen.com

[25] http://www.telegraph.co.uk/education/educationnews/8271656/Write-it-dont-type-it-if-you-want-knowledge-to-stick.html

[26] Informationen zu diesem Zusammenbruch lassen sich in Ihrer Lieblingssuchmaschine finden. Für eine detaillierte Post-Mortem-Analyse des ganzen Falls sollten Sie Amazon AWS direkt besuchen: http://aws.amazon.com/de/message/65648/

angreifen, die Sie verwenden, und sogar Backups zerstören. Einige Cloud-Dienste sind einfach nicht fehlerfrei. Und die lokale Festplatte kann fehlschlagen. Sie bräuchten Backups und wenn Sie Daten auf dem Laufwerk eines Netzwerks speichern, müssen Sie sich um die Lese-/Schreibrechte kümmern. Mit Papier muss ich mich um solche Dinge nicht kümmern. Nur wenn mein Büro brennt, hätte ich kein Backup. Aber in diesem Fall wäre mein Kanban-Board das geringste meiner Probleme.

- Einfache Installation: Fünf Minuten Spaß mit dem Papierkram und Sie sind fertig.

- Offline support: Mit dem Papier ist es möglich, den Computer abzuschalten, sich zurückzulehnen und nachzudenken. Es gibt einfach keine Ablenkung.

- Anpassung: Ich kann den Arbeitsprozess so anpassen, wie ich möchte, ohne eine Bedienungsanleitung zu lesen. Das Ideen-Board wird nicht von Werkzeugen unterstützt, die ich vorher erwähnte.

- Übersicht: Alle Einzelteile auf einen Blick. Kein Scrollen.

- Burn-Out-Absicherung: Mein Kanban-Board bleibt im Büro. Ich muss vom Wohnzimmer aus nicht darauf schauen oder in meiner Freizeit noch Zettel hin- und herschieben.

- Spaß: Ich mag es einfach, bewegliche Sachen mit der Hand herumzuschieben. Es inspiriert mich.

Aber auch die digitalen Versionen haben ihre Vorteile:

- Getrennte Teams: Ich liebe meine Kollegen, aber sie sollten nicht immer in mein Büro schauen (ich arbeite von zu Hause aus und haben ein kleines Kind, vielleicht verstehen Sie das).
- Arbeitsprozesse, die inspirieren: Digitale Kanban-Boards erlauben es Ihnen manchmal bei ausreichender Erfahrung, mit dem vorgeschlagenen Prozess zu spielen und inspirieren Sie, Ihre Arbeitsweise zu ändern, während Sie bei einem manuellen Kanban der eigenen Kreativität überlassen sind.
- Änderungen: Mit digitalen Versionen können Sie Ihre Karte schneller ändern. Das Verschieben von fünf Elemente auf einmal geht auf diese Weise einfach schneller.
- Papier ist schön, aber man kann Strg-Z nicht benutzen.

Ich fühle mich von den „offline"-Funktionen des manuellen Kanban angezogen. Aber wenn ich in einem Team arbeite, bevorzuge ich das digitale, das gemeinsam genutzt werden kann.

Werden Sie kein Extremist

Ich bin eine Arbeitsmaschine. Ich arbeite viele Stunden pro Woche. Manchmal schreibe ich E-Mails zu ungewöhnlichen Zeiten wie an Samstagabenden. Aber wenn ich eine Antwort von einem Vollzeit-Mitarbeiter eines Unternehmens in der gleichen Nacht erhalte, mache ich mir ein bisschen

Sorgen um meine Kollegen. Es gibt einen Unterschied zwischen Freiberuflern und Angestellten.

Als Freiberufler kann ich meine Arbeitszeit anordnen, wie ich muss. Manchmal kann ich einfach den Computer einschalten und nur 20 Stunden arbeiten.

Als Angestellter habe ich eine solche Freiheit in den meisten Fällen nicht. Ich muss auf meine 40 Stunden kommen, egal was passiert. Natürlich bekomme ich Urlaub und solche Dinge; aber die konstante Anzahl von 40 Stunden zuzüglich Überstunden verfolgt mich. In vielen Fällen können Sie auch nicht in einen Pausenraum gehen und ein Nickerchen machen. Wenn Sie einen Anruf erhalten, dass Ihr Kind krank ist, können Sie nicht einfach nach Hause fahren: Menschen arbeiten oft weit weg von dort, wo sich ihr eigentliches Leben abspielt.

Das alte Modell des Arbeitens von 9 bis 17 Uhr oder eben der 40-Stunden-Woche hat jedoch viel besser funktioniert, als es noch keine mobilen Technologien gab. Wenn Sie nach Hause gegangen sind, waren Sie auch weg. Aber jetzt arbeiten Sie 40 Stunden, einige Überstunden, und sind für die Arbeit durch das glänzende Tablet, das Sie vor Kurzem von Ihrem Chef erhalten haben, auch noch zu Hause erreichbar.

Es gibt zwar feste „Kerngeschäftszeiten", aber zusätzlich auch noch den „immer-online"-Zustand. Diese Kombination schreit nach Ärger.

Eine große Anzahl von Leuten, mit denen ich gearbeitet habe, sind sogar sehr stolz auf die vielen E-Mails, die sie durchgearbeitet, die Spezifikationen, die sie geschrieben

und mit dem Kundenservice, den sie angeboten haben
– am frühen Sonntagmorgen. Das neue Maß für einen
erfolgreichen Tag scheint der Grad der Erschöpfung zu sein.
Stellen Sie sich folgende Situation vor. Montagmorgen,
die Bürotür öffnet sich. Ihr Kollege kommt herein und sagt:
„Ich hatte so ein tolles Wochenende. Ich habe den ganzen
Samstag geschlafen, hatte ein langes Frühstück am Sonntag
und bin danach schwimmen gegangen." Kein Blackberry?
Wurde keine neuen Technologie erlernt? Was für ein fauler
Kerl! Aber wenn er mit roten Augen hereinkommt, mü-
de, und erklärt: „Hektisches Wochenende. Ich hatte einen
Notfallanruf von einem Kunden. Haben Sie Zeit, um sich
Funktion B anzuschauen? Ich habe ihm versprochen, dass
ich es tun würde ..." Heldenhaft! Dieser Kumpel hat sein
Wochenende für das Unternehmen geopfert und schließlich
Ihre Arbeit erledigt. Immerhin sollten Sie sich doch Funk-
tion B an diesem Abend zu Hause ansehen?

Warum ist das Erschöpfungsniveau so wichtig für uns?

Unsere Software-Projekte sind in diesen Tagen riesig –
steht es damit in Zusammenhang?

Wenn Sie etwas mit eigenen Händen schaffen, können
Sie das Ergebnis sehen und stolz darauf sein. Sie können
es anderen zeigen. Wenn Sie jedoch Ihren Code für eine
Woche lang säubern und keine neuen Funktionen hinzuzu-
fügen, kommt niemand an Ihren Schreibtisch und gratuliert
Ihnen zu einer brillanten Bereinigung. Stattdessen wird
die Arbeit mehrerer Wochen manchmal mit den Worten
beschrieben: „[...] nur eine Taste, die einen Bericht sendet."
Der Aufbau eines Produkts ist meistens die Arbeit von

vielen Menschen. Manchmal muss man einfach Code an einem bestimmten Teil schreiben, den niemand je sehen wird. Das ganze Produkt ist nichts, was man allein gemacht hat. So viele Menschen und eine so kleine Chance, dass Sie stolz auf etwas sein können. Sie müssen Ihre Beteiligung anders bemessen, wie eben: Ich habe hundert Commits gemacht, schrieb hundert E-Mails und hatte zehn Sitzungen für diese Software-Version.

In einer idealen Welt besteht eine Software-Architektur aus vielen, gut zusammenpassenden Artefakten, die von kleinen Teams geschaffen werden, die sich auch damit identifizieren. Am besten wäre es sogar, wenn die Arbeit der Teams für andere sichtbar ist. Schlecht ist es dagegen, wenn zwanzig Entwickler an nur einer Komponente arbeiten: Die Verantwortlichkeit wird fragmentiert. Da alle „irgendwie" mitmischen, ist es schwerer, jemanden zu finden, der tatsächlich dafür geradesteht. Sollten Sie sich weitergehend für diesen Effekt interessieren, können Sie nach dem psychologischen Begriff „Verantwortungsdiffussion" recherchieren.

Besser noch, wenn die Artefakte für andere sichtbar sind. Sie leiden unter Fragmentierung, wenn Sie zwanzig Entwickler und nur eine Komponente zu bauen haben: Niemand kann sich mit diesem ganzen Schlamassel eines Codes identifizieren, denn die Menschen haben eine geteilte Verantwortung.

Mit überlasteten Menschen und der Art, wie wir unseren Erfolg messen, wird Scrum zum Turbo-Boost. Und zum Risiko.

Die agile Welt hat einen Hammer, der jedes Problem zu einem Nagel macht: Scrum. Scrum ist in vielen Fällen aus der Sicht des Projektmanagements die perfekte Optimierung des Workflows. Auch aus der Sicht des Entwicklers ist es manchmal gut: Sie bekommen Dinge immerhin erledigt. Aber Scrum birgt ein Risiko, wenn das Team nicht auf den Faktor Mensch achtet. Als Menschen können wir einfach nicht 40 Stunden Arbeitsbelastung in eine 40-Stunden-Woche packen. Wir benötigen Zeit, um über unsere Arbeit nachzudenken. Wir brauchen kleinere Refactorings. Wir müssen den Code ansehen, den wir bereits betrachtet haben. Manchmal müssen wir nachdenken! Und wir können die Zeit nicht einschätzen, die wir zum Nachdenken brauchen. Müssen wir vielleicht das ganze Modell überdenken? Steht uns heute die volle Denkkompetenz zur Verfügung, oder sind wir müde, weil wir schlecht geschlafen haben? Wir müssen akzeptieren, dass wir Menschen sind. Wir können uns nicht auf Zahlen herunterbrechen lassen.

Scrum lässt Sie Ihre Aufgaben mit einer Uhr im Hintergrund sehen. Es ist verlockend, einfach so lange zu arbeiten, bis Sie fertig sind. Aber die Dinge verändern sich, während wir sie uns ansehen, wie die Heisenbergische Unschärferelation. So ist das bei der Software-Entwicklung. Und sei es nur, dass wir zu müde sind, um effizient am Dienstag zu arbeiten. Solche Dinge passieren. Lernen Sie, damit umzugehen, wenn Sie Scrum planen: Vergessen Sie nicht die Menschen hinter den Scrum-Rollen. Wenn Sie das verstehen, werden Ihre Schätzungen viel besser.

Ich frage mich, wie Van Goghs Bilder ausgesehen hätten, wenn er Scrum bei seiner Arbeit angewendet hätte. Ich denke, wir würden seinen Namen heute nicht kennen. Kreativität unter Druck – ich glaube einfach nicht daran, dass das funktioniert (Ausnahmen bestätigen die Regel). Aus meiner eigenen Erfahrung als Hobby-Musiker heraus kann ich sagen: Ich kann nichts komponieren, wenn ich mit Arbeit beladen bin. Ich brauche Zeit zum Träumen, zum Entspannen und dafür, auf ungewöhnliche Gedanken zu kommen.

Software wird mit dem Kopf gefertigt. Es ist eine kreative Arbeit, auch wenn wir andere kreative Arbeiten wie zum Beispiel ready-to-use-Design-pattern verwenden. Manchmal arbeiten wir an simplen Dingen, das ist wahr. Aber wie wir alle wissen, sollten wir Software-Leute ständig auf den Code in der Nachbarschaft achten und Fehler suchen, damit unsere Software zuverlässiger und verständlicher wird. Die Kunst der Software ist häufig die Kunst der Minimierung im Code. Sie können das nicht tun, wenn Sie ständig unter Zeitdruck stehen und einen endlosen Strom von Features liefern müssen.

Die Lösung ist einfach: Wenn Sie nicht aufhören können, sich auf Arbeitsaufgaben zu konzentrieren, betrachten Sie Ihre Familie, Ihre Freizeit etc. wie eine Aufgabe. Planen Sie sie ein, genießen Sie die Zeit, so gut Sie können. Kalkulieren Sie den Faktor Mensch in Ihre Scrum Sprints ein. Messen Sie Ihren Erfolg nicht an Ihren Überstunden, und schalten Sie Ihr Handy am Wochenende ab. Auf diese Weise werden Sie am Montag immer produktiver sein.

Wenn Sie an einem System arbeiten, das zu groß ist,

um stolz darauf zu sein, ändern Sie das. Software-Systeme sollten nicht nur wartbar, erweiterbar und zuverlässig sein – sie müssen auch Spaß machen! Ein gutes System ist eines, mit dem wir es lieben zu arbeiten. Wenn wir stolz darauf sind, dass wir ein wenig dazu beitragen konnten, kann es nicht falsch gewesen sein. Die besten Gärtner sind diejenigen, die einen Spaziergang durch den Garten genießen.

Ich habe eine Menge darüber geschrieben, wie ich mein Denken verändert habe und wie ich mit Stress umgehe. Ich schrieb auch über Werkzeuge, die mir geholfen haben, meinen Kopf frei zu bekommen. Aber am Ende sind das nur Werkzeuge, keine Religion. Sie müssen Ihre eigenen Werkzeuge sorgfältig aussuchen und anwenden. Tun Sie, was gut für Sie funktioniert, und wenn es Ihnen nichts bringt, lassen Sie es und probieren Sie etwas anderes. Es passiert leider nicht oft, dass Projekte ihre Methoden verwerfen. Wenn sie mit Scrum begonnen haben, bleiben sie auch dabei. Ganz gleich, was kommt. Selbst wenn es Zeiten gibt, in denen Scrum einfach nicht passt.

Stellen Sie sicher, dass Sie kein Extremist jeglicher Art werden. Es ist der mittlere Weg, der zählt.

Es geht um Sie

Ganz gleich aus welcher Richtung der Wind weht, Sie sollten sicher stehen. Ihr Leben gehört Ihnen allein.

Das Leben ist nicht nur Glück und Freude. Es hat immer seine guten und schlechten Zeiten. Selbst wenn Sie reich sind und die neuesten Spielzeuge besitzen, können Sie schlechte Zeiten erleben. Durch Überstunden oder weniger Geld wird unser Leben nicht auf jeden Fall schlechter.

Wenn andere Sie schlecht behandeln

Es gibt viele Menschen und Firmen, die uns glauben machen wollen, dass wir nur dann ein gutes Leben führen können, wenn wir zu hundert Prozent glücklich sind. Dieses Glück wird angeblich erreicht, wenn man reich, schön und gesund ist. Und genau diese Menschen können uns die Produkte liefern, um dieses „Glück" zu erreichen.

Unsinn. Das Glück kommt, das Glück geht. Das ist normal.

Es spielt keine Rolle, ob Sie am Strand oder im Büro sind; Sie dürfen glücklich sein. Und Sie brauchen nicht jedes Produkt von jedem Unternehmen, um glücklich zu werden.

Wir sind für unser eigenes Glück verantwortlich. Vielleicht ist Ihr Chef dafür verantwortlich, dass Sie Überstunden leisten müssen, aber es ist Ihre eigene Schuld, wenn Sie darüber unglücklich sind. Natürlich ist es völlig in Ordnung, wenn Sie sich gegen zu viele Überstunden wehren. Als Mensch kann man in viele Richtungen gehen, und Sie können Ihre eigenen Entscheidungen treffen. Ertragen Sie die Konsequenzen oder ändern Sie die Situation. Schließlich werden gute Zeiten auf schlechte Zeiten folgen und schlechte Zeiten auf gute.

Ich habe ja bereits erwähnt, dass Software-Entwickler mindestens zwei Jahre oder etwas länger in einem Unternehmen bleiben sollten. Wenn Sie jedoch in Ihrem speziellen Fall ein gutes Argument dagegen vorbringen können, brechen Sie diese Regel. Genau genommen sollten Sie jede Regel brechen, die Sie bisher gelesen haben, wenn Sie das Gefühl haben, dass sie nicht gut für Sie ist.

Wenn Sie jedoch noch nicht bereit sind, die Regeln zu brechen, hilft es Ihnen vielleicht, mit anderen zu sprechen. Als Entwickler haben Sie möglicherweise Zugriff auf lokale User-Gruppen. Das sind Gruppen, deren Mitglieder das Interesse an einer bestimmten Sache teilen, zum Beispiel einer Programmiersprache. Mit anderen zu reden, denen Sie vertrauen, kann Ihnen helfen, sich besser zu fühlen oder vielleicht sogar einen neuen Job zu finden.

> Alle meine Probleme beginnen im Kopf.
>
> Bodhidharma (Red Pine, 1987)

Ein Beispiel dafür: Eines Tages trat ein Kollege ins

Büro und murmelte: „Guten Morgen." Dann setzte er sich auf seinen Stuhl, und Sekunden später tippte er wild auf seiner Tastatur herum. Ihn umgab eine kalte Atmosphäre der Wut. Später stellte sich heraus, dass er eine erhoffte Gehaltserhöhung nicht erhalten hatte. Ein Entwickler, den er kannte und der bei einer anderen Firma angestellt war, verdiente hundert Euro mehr als er. Der Kollege benötigte die hundert Euro nicht zwingend, es ging ihm ums Prinzip. Er glaubte, der bessere Entwickler zu sein und das Geld verdient zu haben, obwohl die Erhöhung nach Abzug der Steuern nicht einmal für eine zusätzliche Tankfüllung gereicht hätte. Die schlechte Stimmung dauerte ein paar Tage lang an, in denen er ständig darüber klagte, wie unfair er behandelt würde. Dabei ignorierte er die Tatsache, dass er bereits eine Menge Geld verdiente und vor Kurzem eine Gehaltserhöhung erhalten hatte. Sein Problem war vor allem Kopfsache. Andere hätten seinen Job mit Kusshand genommen. Trotzdem war er unglücklich und übertrug diese Stimmung auch auf seine Kollegen.

Wenn etwas Schlimmes passiert, gibt es oft jemanden, der sagt, dass dafür „das Pech" oder „das Schicksal" verantwortlich sei. Alle Probleme scheinen von außen zu kommen.

Wenn jemand ein Trinker ist? Er könnte eine traumatische Erfahrung gemacht haben. Jemand ist arm? Die Regierung könnte daran Schuld sein. Wenn jemand plötzlich Millionen verdient, war er entweder leichtsinnig oder hat die Menschen manipuliert. Und wenn jemand stirbt und wir nicht wissen, was wir sagen sollen, ist es Gottes Wille gewesen.

Niemand weiß, was hinter den Kulissen geschieht. Vielleicht war es tatsächlich Gottes Wille. Aber wenn man das glaubt, muss man auch glauben, dass er uns die Freiheit gegeben hat, für uns selbst zu denken und zu handeln. Will er wirklich, dass wir wegen hundert Euro eifersüchtig sind? Ich bezweifle es.

Vielleicht sind es nicht das Schicksal, Gott oder unsere schlechte Kindheit, die unser Leben schlimmer machen, sondern die Art, wie wir darüber denken. Der Gedanke an ein schwieriges Schicksal kann unser Leben zur Last machen, wenn wir das glauben.

Was wir verdienen

Viele Menschen betrachten ihren Verstand und ihre Gedanken als die wichtigsten Aspekte ihres Wesens, aber Bodhidharma dachte anders. In seiner Lehre sind Gedanken Nebenprodukte des Geistes. Wie Magensäure ein Nebenprodukt des Magens ist.

Obwohl es wichtige Gedanken gibt, sind darin auch sehr oft unwichtige Gedanken gemischt. Wenn Sie zum Beispiel durch eine Wüste wandern, ist es nicht von Bedeutung, über den Geschmack eines kalten Getränks nachzudenken, sondern den Weg zu kennen.

Mein Geist sagt mir ständig, was ich will. Er flüstert mir Gedanken über einen neuen Tablet-PC ein, bis ich einen kaufe. Dann sagt der Geist: „Gut gemacht! Das hast du wirklich verdient! Jetzt bin ich glücklich." Aber stimmt das? Alles ist in Bewegung, und es gibt keine Konstante im Leben. Glück wird auch wieder verschwinden, und mein Geist wird früher oder später auf neue Wünsche kommen.

Ich weiß, dass es Leute gibt, die glauben, die neuesten Tablets oder Handys zu verdienen. Kürzlich sah ich Fotos von Menschen, die offenbar stundenlang vor einem Geschäft anstanden, um das neuste Smartphone zu erwerben. Vermutlich ist ihr Geist überzeugt davon, dass sie das neue Telefon verdienen. Haben sie recht? Ich weiß es nicht. Ich glaube daran, dass jeder Mensch Essen und sauberes Wasser verdient.

In Ghana, Afrika, wären die Leute froh über Essen und sauberes Wasser. Laut des Films „E-Wasteland" ist das genau der Ort, an dem Ihre alten Smartphones wahrscheinlich enden werden.[27] Jeremy Hance dokumentiert darin, wie 200.000 Tonnen E-Schrott jedes Jahr dort landen. Jungs und Männer kommen aus den Slums und „recyceln" den Müll mit bloßen Händen. Kleine Feuer vernichten Ihre Abfälle, doch dadurch entsteht giftiger Rauch, der weiterzieht. Mit dem wenigen Geld, das die Menschen verdienen, kaufen sie Lebensmittel und sauberes Wasser, während die Hersteller sich weiterhin für den billigsten Entsorgungsweg entscheiden, um den Gewinn zu maximieren. Der angewandte „Recycling-Prozess" ist giftig, weil es zu viel Geld kosten würde, ihn gesünder zu gestalten. Die Dinge, von denen wir glauben, dass wir sie „verdienen", enden schließlich an Orten wie Ghana.

---

[27] Der Trailer und die Versandbedingungen finden sich hier: http://www.e-wastelandfilm.com/

Ich erinnere mich an dieses Filmzitat:

> Es ist wichtig, dass wir verstehen und schätzen ler-
> nen, dass die Entscheidungen, die wir jeden Tag
> treffen, direkt oder indirekt Auswirkungen auf Men-
> schen an anderer Stelle auf diesem Planeten haben.
>
> David Fedele

Ich versuche, dem Gedanken an das, was ich verdiene, nicht allzu viel Gewicht zu geben. Denn das, was mir mein Verstand einflüstert, dass es gut für mich wäre und dass ich es verdiene, ist möglicherweise nur Mist für andere, die um ihr tägliches Brot kämpfen.

Eine schlimme Kindheit

Im Jahr 1880 wurde in Japan ein Junge geboren. Als er vier Jahre alt war, starb seine Mutter. Als er sieben war, starb sein Vater, und er musste seit diesem Zeitpunkt bei seinem Onkel leben. Kurze Zeit später starb auch sein Onkel, und der Junge wurde von einem Spieler und einer Prostituierten aufgezogen. Wenn der Spieler mit seinen krummen Geschäften zugange war, beauftragte er oft den Jungen, nach der Polizei Ausschau zu halten.

Offensichtlich hatte der Junge eine schlechte Kindheit. Er hätte selbst zu einem Spieler oder irgendeiner Art Verbrecher werden können. Oder auch zu einem Trinker.

Stattdessen nahm er sich eines Tages drei Kilo Reis und ein paar Münzen, mit denen er Bohnen kaufte. Er reiste vier Tage und Nächte, bis er den Eiheiji-Tempel erreichte, in dem er zum Zen-Mönch werden wollte. Tagelang aß er nur ungekochten Reis. Aber die Mönche ließen ihn nicht herein, sodass er für zwei weitere Tage und Nächte vor dem Tempel stand, ohne Nahrung oder Wasser. Schließlich erlaubten ihm die Mönche einzutreten und als Laufbursche zu arbeiten.

Er stand am untersten Ende der Hierarchie. Selbst die Putzfrau behandelte ihn ohne Respekt. Eines Tages beschloss der Junge, in einem ruhigen und meist unbenutzten Raum Zazen zu üben. Er setzte sich und meditierte, wie er es bei den Mönchen beobachtet hatte. Plötzlich öffnete sich die Tür und die Putzfrau kam herein. Sie starrte ihn für eine Sekunde lang an. Dann verbeugte sie sich und ließ den Jungen, ohne etwas zu sagen, wieder allein.

Es dauerte nicht lange, bis der Junge Mönch wurde und einen neuen Namen bekam: Kôdô Sawaki.

Kôdô Sawaki wurde später einer der bedeutendsten Zen-Meister des vergangenen Jahrhunderts.[28] Er wusste, dass Zazen eine der edelsten Beschäftigungen war, denen sich ein Mensch widmen kann, und fuhr mit seinen Übungen fort, bis er starb.

Vermutlich würde eine große Anzahl Menschen jedoch eher als Spieler enden.

---

[28]Kôdô Sawakis Leben wurde von Koshiya Shusoku beschrieben. Die deutsche Übersetzung findet sich im Buch „Zen ist die größte Lüge aller Zeiten" (Sawaki, 2005).

Diese Geschichte zeigt, dass – in der Theorie – Armut kein Grund ist, auf eine rechtschaffene Existenz zu verzichten. Es ist auch ein guter Beweis dafür, dass man trotz schlechter Kindheit immer noch ein gutes Leben führen kann. Als ich jung war, ergab sich für mich keine Möglichkeit, zur Universität zu gehen. Aber mit harter Arbeit, einer Menge Überstunden und ein bisschen Glück war es mir später möglich, ein professioneller Programmierer zu werden.

Ich weiß es besser

Ajahn Brahm ist ein buddhistischer Mönch, der das fantastische Buch „Die Kuh, die weinte" geschrieben hat. Es enthält viele moderne Geschichten, die Sie zum Nachdenken anregen können. Brahm ist kein Zen-Mönch, sondern folgt einer Thai-Tradition, soll aber an dieser Stelle trotzdem erwähnt werden.

Beim Meditieren tief in den Wäldern von Thailand musste er Dinge essen, die die meisten von uns nicht angerührt hätten. Die Mahlzeiten bestanden aus einer klebrigen Kugel Reis, gekrönt von einem gekochten Frosch mit all seinen Innereien. Aus irgendeinem Grund galten die Innereien als besonders schmackhaft. Als dem Mönch die Frösche ausgingen, bekam er Fisch-Curry, das so alt war, dass es Maden enthielt.

Ajahn beklagte sich nicht und meditierte weiter, und eines Tages erwachte er und fühlte sich erleuchtet. Er wollte es seinem Abt nach dem Abendessen mitteilen.

Er fühlte sich beglückt, als er sah, dass es an diesem Tag nicht nur das alte Fisch-Curry gab, sondern auch ein frisches Schweinefleisch-Curry. Der Abt nahm den ersten Bissen von diesem leckeren frischen Lebensmittel und aß weiter, bis er satt war. Danach mischte er das restliche Schweinefleisch in das Fisch-Curry. Während er das Essen mit seinem Holzlöffel umrührte, sagte er: „Es ist im Grunde alles das Gleiche."[ˆ Abt] Ajahn wurde wütend, wirklich wütend, denn er hatte ja das frisch zubereitete Schweinefleisch-Curry gewollt. An dieser Stelle wurde ihm jedoch plötzlich bewusst, dass er noch nicht erleuchtet war.

In seinem Buch schreibt er, dass wahrhafte Erleuchtung nicht dazu führt, Ihren Abt zu verfluchen. Der Erleuchtete hat nämlich keine Lieblingsspeise.

Mir hat diese Geschichte gezeigt, dass ich falsch liegen kann, selbst wenn ich davon überzeugt bin, absolut richtig zu liegen. Der Verstand täuscht sich manchmal.

Es ist dein Leben

Sie können kein gutes Leben führen, weil Sie zu viele Probleme haben?

Was Ihnen widerfährt, ist Ihr Leben.

Kôdô Sawaki (Sawaki, 2008)

Wenn Sie Gliedmaßen verlieren, haben Sie wirklich ein paar Probleme. Aber es ist immer noch Ihr Leben. Sie können es nicht ändern.

Wurden Sie gefeuert, weil Sie nicht effizient genug waren? Vielleicht sind Sie tatsächlich nicht gut in dem, was Sie tun. Vielleicht sind Sie es doch. Sie werden es nie wirklich wissen. Arbeiten Sie einfach, so gut Sie können, und versuchen Sie, Ihre Fähigkeiten zu verbessern. Dann wissen Sie, es gibt nichts zu befürchten.

> Jeder Tag ist ein guter Tag.
>
> Kôdô Sawaki (Sawaki, 2008)

Ihr Manager war wütend auf Sie? Ihre Frau hat Sie angeschrien, weil Sie nach einem schrecklichen Arbeitstag zu spät nach Hause gekommen sind?

Sie können es nicht ändern. Es ist ein Tag Ihres Lebens. Mit einer begrenzten Anzahl von Tagen können Sie nichts dagegen tun.

Wenn Sie die Dinge nicht ändern können, akzeptieren Sie sie. Vielleicht gibt es Gründe dafür. Denken Sie darüber nach. Bereiten Sie sich darauf vor, es beim nächsten Mal, besser zu machen, wenn das möglich ist. Doch am Ende müssen Sie es akzeptieren.

Kein Ego

Was ist Ego?

Ich wusste nicht, dass das Ego ein Problem sein kann, bis ich den Buddhismus studiert habe. Ich habe lange darüber nachgedacht. Was bedeutet es? Warum ist es so schlimm? Ich denke immer noch darüber nach. Während ich zuerst skeptisch war, als mir geraten wurde, mein Ego loszuwerden, dachte ich später anders darüber. Im Zen wird oft gesagt, dass man sich selbst vergessen und im Jetzt ohne ein Ego existieren soll. Ego bindet den Menschen an Dinge.

In vielen Teilen der Welt feiern wir das Individuum. Wir denken oft, dass nur unsere Sehnsüchte und Wünsche uns zu etwas Besonderem machen. Manche Leute türmen ihre Haare zu einem Iro. Andere lassen sich die Augenbrauen piercen. Wieder andere glauben an eine Karriere, die ihnen Status und Titel verschafft. Und manche definieren sich über ihre Programmierfähigkeiten.

Was passiert, wenn man ihnen aber ihre Fähigkeiten, ihre Karrieren oder ihre Körperkunst nimmt? Durch einen Autounfall oder vielleicht eine Krankheit? Wenn ein solches Ereignis eintritt, reagieren Menschen meistens, als ob ihr Leben ruiniert wäre. Das Leben scheint sinnlos, wenn einem das bisherige Zentrum der Selbstdefinition genommen wird.

Wir müssen verstehen, dass wir nicht unsere Wünsche

und Sehnsüchte sind. Es ist ein natürlicher Vorgang, dass wir aufwachsen und einen eigenen Geschmack und eine bevorzugte Art zu leben entwickeln. Aus irgendeinem Grund streben wir danach, eine Identität zu finden und einzigartig zu sein. Aber wir müssen lernen, dass wir mehr sind als nur das, was wir tun oder tun wollen.

Freundschaften werden oft auf gemeinsamen Interessen aufgebaut, und deshalb können sie auch auseinanderbrechen. Häufig werden sie über ein Nehmen und Geben definiert, und wenn man nicht den Willen zum Geben hat, stirbt die Freundschaft.

> Manche leben, als gäbe es kein Morgen; und wenn sie sterben, verhalten sie sich, als hätten sie nie gelebt.
>
> Kôdô Sawaki (Sawaki, 2005)

Ein einzelnes besonderes Ereignis im Leben kann dazu führen, dass jemand Gesundheit, Selbstverständnis und Freunde verliert. Das Ego ist eine gefährliche Sache.

Das Ego als Antreiber

Wir hängen am Ich.

Als ich jünger war, wollte ich ein großer Programmierer werden. Ich stellte mir vor, wie mich andere für meine Fähigkeiten respektieren würden. Ich wollte es so sehr, dass ich beschloss, einer berühmten Open-Source-Gruppe beizutreten. Doch so leicht war das nicht, denn man konnte dieser Gruppe nur beitreten, wenn man von ihr eingeladen wurde.

Eine Einladung erhielt man aber erst, wenn man gezeigt hatte, dass man sich dem Projekt und seinem Team wirklich verpflichtet fühlte. Diese Strategie zahlte sich für die Gruppe aus, weil nur Leute mit einem echten Interesse teilnahmen und die anderen Mitglieder der Gruppe ihr Veto einlegen konnten, wenn sie Bedenken bei einem Kandidaten hatten.

Ich war davon überzeugt, dass es eine große Chance war, der Welt meine Programmierkenntnisse zu zeigen. Außerdem würde ein Beitritt zu dieser Gruppe auf jedem Fall gut in meinem Lebenslauf aussehen. Ich begann, Patches zu schreiben und sie der Gruppe zu schicken. Das habe ich eine ganze Weile lang getan, wurde aber nicht eingeladen. Stattdessen lernte ich, dass es andere Programmierer gab, die viel besser waren als ich. Sie schauten auf meine Patches und erklärten mir, wie man es besser machen konnte. Es war frustrierend. Anstatt meine großen Fähigkeiten zu zeigen, führte ich meine Inkompetenz vor. Im Büro glaubte jeder, dass ich über große Fähigkeiten verfügte, aber in diesem Kreis war es auf einmal anders. Anstatt ein Rockstar zu sein, wurde ich Schüler.

Ich fuhr fort, Code zu schreiben. Aber ich bekam keine Einladung. Irgendwann fing ich an zu glauben, dass es niemals geschehen würde. Ich gab meine Pläne auf, der Gruppe beizutreten. Das Codeschreiben wurde zum Hobby, und ich nahm Abstand von meiner Vorstellung, jemals Teil der Gruppe dieser erfahrenen Leute zu sein. Stattdessen merkte ich, wie viel ich lernte und dass ich es auch mochte, von den anderen – offensichtlich besseren Programmierern – zu lernen. Als meine Arbeit fast für eine erste Veröffentlichung bereit war, fand ich eine Einladung in meinem Posteingang. Ich akzeptierte. Aber für eine lange Zeit vergaß ich, den Namen der Gruppe in meinen Lebenslauf zu schreiben. Es war mir einfach nicht mehr wichtig.

Es wird erzählt, dass einmal ein Mann zu Buddha kam, der sagte: „Ich will Glück!" Buddha antwortete: „Zuerst entferne das *Ich*. Es ist das Ego. Als Nächstes entferne das *will*. Es ist Begehren. Jetzt sieh, was übrig bleibt."

So erging es mir.

Heute versuche ich, Dinge zu tun, weil sie sich richtig anfühlen. Ich versuche, Dinge zu vermeiden, nur weil mein Ego es befiehlt.

Ohne regelmäßige Meditationsübung beginnt mein Ego jedoch, erneut zu wachsen. Ich kann Meditation nur empfehlen, wenn Sie an Ihrem Ego arbeiten wollen. Selbst wenn Sie glauben, dass Sie kein Ego besitzen, sollten Sie meditieren; weil Sie in diesem Fall bereits unter der totalen Kontrolle Ihres Egos stehen.

In der Regel wird ein Vergleich mit anderen zu nichts führen.

Programmieren ohne Ego

Jerry Weinberg hat über das Programmieren ohne Ego geschrieben (Weinberg, 1972).

Er ist der Meinung, wir sollten unser Ego bei der Arbeit beiseitelegen und damit beginnen, unseren Code zu überprüfen. Wir sollen anderen unsere Fehler zeigen und erklären, was wir falsch gemacht haben. Und das Gleiche für unsere Kollegen tun. All das sollte in einer angenehmen Atmosphäre geschehen. Wir sind nicht unser Code, und daher sei kein Raum für persönliche Gefühle bei seinem Erstellen vorhanden.

Das ist eine schöne Idee. Leider besitzen wir jedoch ein Ego, und es erfordert harte Arbeit, es gehen zu lassen. Wenn wir zum Beispiel ein Review nicht mögen, ist es einfacher, etwas Negatives über den Gutachter zu finden, anstatt die Ergebnisse des Reviews zu akzeptieren.

Man könnte sagen, der Geist produziert den Code und das Ego bringt Sie dazu, dass Sie daran hängen. Es gibt eine Verbindung zwischen dem, was Ihr Geist produziert, und Ihnen. In gewisser Weise sind Sie Ihr Code. Weinberg schlägt deshalb vor, den Geist vom Code zu trennen. Dies kann nur durch das Entfernen des Egos erreicht werden.

Wie bereits erwähnt, ist es ein langer Weg.

Das unsichtbare Ego

In meiner Karriere habe ich viele Leute kennengelernt – und ich habe noch nie einen Menschen ohne Ego getroffen. Einige Leute versuchen, ihr Ego zu verstecken, andere zeigen ihr Ego sehr offen. Seit Jahren kategorisiere ich die Manifestation des Egos in zwei Arten.

Die erste Gruppe besitzt ein aktives und aggressives

Ego. Es ist leicht, Leute mit einem solchen Ego aufzuregen und zum Beispiel bei einem Code-Review dazu zu bringen, nach negativen Dingen beim Reviewer zu suchen. Aktive Egos könnten Sie einen Nörgler nennen, wenn sie einen Tippfehler finden. Sie beschweren sich über knappe Budgets, wenn Sie ein Strukturproblem sehen. Sie wehren sich, auch wenn es nichts zu verteidigen gibt.

Die zweite Gruppe hat eine passives und mehr abwehrendes Ego. Code-Reviews können Enttäuschung und Frustration verursachen. Anstatt die Chance zu nutzen, ihre Fähigkeiten zu verbessern, sind diese Menschen frustriert, dass sie nicht bereits über die Fähigkeiten verfügen - oder es kümmert sie schlicht nicht. Es ist einfach, ein passives Ego dazu zu bringen, sich dumm zu fühlen. Es besitzt ein niedriges Selbstwertgefühl.

Als ich damit begann, Menschen zu beobachten, glaubte ich, von ihren Egos lernen zu können. Als Teamleiter befand ich mich in einer hervorragenden Position dafür. Ich erklärte viele technische Dinge und überprüfte eine Menge Code. Je mehr ich über die Egos anderer erfuhr, desto mehr spürte ich mein eigenes Ego unter Kontrolle. Für mich waren die anderen entweder „aktiv" oder „passiv".

Aber irgendwann erkannte ich meinen Denkfehler: Ich hatte mein eigenes Ego vergessen. Es war nicht unter Kontrolle, es war einfach verborgen. Ich war erfahren, und jeder akzeptierte das. In jeder Diskussion hatte ich das letzte Wort, und jeder wusste das. Es gab nichts, das mein Ego mehr anstachelte, als diese Tatsache sichtbar zu machen.

Ich war mir bewusst, dass ich die Position des coolen,

erfahrenen Typs im Team genoss. Um ehrlich zu sein, besaß ich vermutlich das größte Ego von allen. Als ich zurückblickte, erkannte ich, dass meine Bemühungen, von anderen zu lernen, gescheitert waren. Ich hatte nur auf die Fehler anderer geschaut und war blind gegenüber des ganzen Bildes und meiner eigenen Probleme.

Damals habe ich gelernt, dass das Ego für den eigenen Besitzer oft unsichtbar ist. Zu glauben, dass Sie kein Ego hätten, ist wahrscheinlich ein Signal dafür, dass Sie ein riesiges Ego haben.

Inzwischen weiß ich, mein Ego wird mir folgen und ich muss es jede Sekunde bekämpfen. Ich versuche, mir dessen bewusst zu bleiben. Wenn mein Verstand mir sagt, dass ich drohe, die Kontrolle über das Ego zu verlieren, meditiere ich, bevor es noch schlimmer wird.

Seien Sie still

Gaken. Dieser Begriff beschreibt Ihre eigene Meinung und den Gedanken daran, dass Sie eine intelligente Person sind. Dies ist der Grund für eine Menge Streit.

In einer Sitzung gibt es viele wichtige Leute. Die meisten Teilnehmer einer Besprechung glauben, dass sie in irgendeiner Weise wichtig sind. Sie werden schließlich nicht eingeladen, wenn Sie nicht wichtig sind, oder?

Was passiert, wenn Sie zu einer langweiligen Sitzung mit langweiligen Leute eingeladen werden? Das ist ein perfekter Grund, sich über die vertane Zeit zu beschweren. Doch gleichzeitig glauben wir immer noch, dass wir wichtig sind, immerhin kommen die anderen ohne uns ja nicht zurecht.

Selbst die Menschen, die nie darum gebeten werden, an einer Sitzung teilzunehmen, glauben manchmal daran, dass sie wichtig sind; denn es ist ja möglich, dass sie nur vergessen oder einfach unterschätzt wurden. Ein Mitarbeiter, der wirklich denkt, dass er nicht wichtig ist, ruiniert entweder die Atmosphäre, wird das Unternehmen verlassen oder beides.

Wichtige Personen fühlen oft die Verpflichtung, zu jeder Diskussion etwas beizutragen, ganz gleich ob hilfreich oder nicht. Es ist leicht, uns in sinnlosem Geschwätz zu verlieren und es zu genießen, uns selbst reden zu hören. Schlechte Kollegen sind die, die viel Zeit darauf verwenden, sicherzustellen, dass jeder weiß, wie wichtig sie sind.

Innovation und Kreativität kommen manchmal von zufälligen Gedanken. Wir müssen zwischen Unsinn und wichtigen Beiträgen unterscheiden. Das ist schwierig. Bevor ich in Sitzungen etwas sage, versuche ich immer, einen tiefen Atemzug zu nehmen. Das hilft mir oft, festzustellen, ob ich jemanden provozieren oder nur meinen Standpunkt verteidigen möchte, weil ich nicht akzeptieren kann, dass ich falsch lag.

Wir müssen uns selbst einen Spiegel vorhalten, um das Ego, unser Wissen und unsere Erfahrung voneinander zu unterscheiden. Starke negative Gefühle sind häufig ein Zeichen für Beweggründe des Egos. Müde zu sein oder zu versuchen, den Gesprächspartner zu beeindrucken, sind weitere.

Oft reicht es aus, Unterstützung für eine Idee zu zeigen. Wir müssen uns nicht in Details verlieren, wenn der Zweck des Treffens der Blick auf das Gesamtbild ist. Manchmal fällt es schwer, die Idee eines Kollegen zu unterstützen, wenn wir ihn nicht besonders mögen. Trotzdem sollten wir es versuchen. Der Erfolg eines anderen lässt Sie nicht schlecht aussehen. Lassen Sie Menschen mit guten Ideen ihren Ruhm genießen. Als Teamleiter müssen Sie nicht immer das kreativste, am härtesten arbeitende Mitglied mit den besten Ideen sein. Denn es gibt eigentlich keine Konkurrenz.

Ich versuche, Ideen als Ideen zu verstehen. Wenn sie Arbeit benötigen, versuche ich daran zu arbeiten. Wenn ich mehr darüber lernen muss, frage ich. Wenn ich die Idee nicht mag, sage ich es deutlich und hoffentlich mit einem verständlichen Argument. Aber wenn die Idee gut ist und ich nichts Konkretes zu ergänzen habe, halte ich einfach die Klappe.

Manche Menschen teilen diese Einstellung vielleicht nicht und glauben, dass es mehr Wettbewerb unter Kollegen geben sollte. Aber wozu? Ein Wettbewerb ist nur gut, wenn er für alle von Vorteil ist und in gewisser Weise Spaß macht. Wettbewerb für „Karrieren" ist sinnlos. Ich kenne Unternehmen, die Karrierewettbewerbe fördern, doch was sie letztlich erhalten, sind sehr oft nicht die kompetentesten Mitarbeiter, sondern die aggressivsten. Vielleicht funktioniert das für diese Teams, aber das ist nicht die Art, wie ich leben möchte.

Leute, die glauben, ihre Karriere sei das Wichtigste in

ihrem Leben, mögen Sie verärgern, weil sie Ihre Zeit mit Unsinn und Belanglosigkeiten verschwenden. Es gibt meist nichts, was Sie dagegen tun können. Bevor Sie aus dem Gleichgewicht geraten, versuchen Sie vielleicht besser, Ihre innere Ignorieren-Taste zu drücken oder die Person mit dem, was Sie bedrückt, zu konfrontieren. Deutliche und ehrliche Worte können in vielen Fällen helfen, jedoch nicht in allen.

Ich versuche, in einer Weise zu leben, mit der ich vermeide, irgendjemandem auf die Nerven zu fallen – einschließlich mir selbst. Ich wünschte, jeder würde das versuchen.

Wenn Sie durch den Wald wandern und einem Bekannten eine schöne Blume zeigen, der gerade ein Ziel vor Augen hat, ist er wahrscheinlich nicht beeindruckt. Sein Geist wird nur mit seinem Ziel gefüllt sein. Wenn Sie die Blume jedoch jemandem zeigen, der die Schönheit dieser Welt genießen möchte, wird er sie lieben. Darüber hinaus wird er sein Ziel ebenfalls erreichen.

Zen ist harte Arbeit

Der Begriff „Samadhi" bedeutet „tiefe Konzentration".

Ich habe ihn aber auch schon von Zen-Mönchen in Zusammenhang mit „harter Arbeit" gehört. Dies umfasst Gartenarbeit, Reparaturen im Kloster und alles andere, das erforderlich ist. Wenn Sie sich vorgestellt haben, dass Mönche auf ihren Stühlen sitzen, während die „einfachen Leute" die Arbeit erledigen, haben Sie sich geirrt. Mönche sind wirklich fleißige Menschen, zumindest in den Zen-Klöstern, von denen ich gehört habe.

In einigen Klöstern stehen sie um 3 Uhr morgens auf. Sie meditieren, frühstücken, meditieren, essen zu Mittag, entspannen sich, meditieren, essen zu Abend und gehen gegen halb zehn abends zu Bett. Das passiert vor allem während Sesshin, einer Woche oder mehr der intensiven Meditation.

Es ist immer die richtige Zeit für Zen

Zen ist nicht Spiritualität. Zen wird mit dem Körper ausgeübt.

Kôdô Sawaki (Sawaki, 2007)

Kôdô Sawaki sagt, dass sich Ihr Geist in Ihrem Körper
ausdrückt und noch mehr in Ihrer Einstellung zum Leben.
Damit meint er, dass Sie Zen nicht abgeschottet und al-
leine in Ihrem Zimmer ausüben können. Es ist nichts, das
Sie nur mit dem Verstand erfassen und ausüben können.
Stattdessen sollten Sie Zen in jeder Sekunde Ihres Lebens
üben. Zen ist Ihr tägliches Leben. Es bedeutet auch, dass
wir Zen praktizieren, wenn wir auf die Toilette gehen, Code
schreiben oder kochen. All dies und vieles mehr sind Zen-
Übungen.

Üben Sie Zen jederzeit, auch während der Arbeit. Es
wird die Art, wie Sie darüber denken, verändern.

Kôdô Sawaki sagt: „Ein Tag ohne Arbeit ist ein Tag
ohne Essen." Die Arbeit ist wichtig. Aber die Arbeit ist mehr
als nur ein voller Tisch. Es hilft Ihnen, sicher mit beiden
Beinen auf der Erde zu stehen. Die Nachrichten sind voll
mit Berichten über reiche Menschen und ihren Missbrauch
von Drogen und Alkohol. Ohne Arbeit ist es einfacher,
sich auf das Ego zu konzentrieren. Zu viel von allem nährt
Wünsche und Begehrlichkeiten. Wenn Sie daran gewöhnt
sind, dass ein anderer Ihre Toilette reinigt, kann es schnell
passieren, dass Sie vergessen, welch schmutzige Aufgabe
das ist. Das eigene Chaos zu beseitigen und sich um den
eigenen Haushalt zu kümmern, hilft Ihnen, sich daran zu
erinnern, was Sie sind: ein Mensch.

Karriere

Als ich mit Zen begonnen habe, träumte ich davon, Partner in dem Unternehmen zu werden, in dem ich angestellt war. Ich arbeitete ziemlich hart, und mein Körper verlor schnell Energie. Ich fühlte mich nicht gut. Um zu verhindern, dass mein Kopf explodierte, begann ich mit Zen. Nach einer Weile fragte ich mich, warum ich bereit war, die nächsten zehn Jahre oder mehr dafür zu opfern, Partner in dieser Firma zu werden? Plötzlich war ich mir nicht mehr sicher. Viele Leute dort schienen mir sehr oberflächlich. Die Projekte waren riesig, aber bei genauerem Hinsehen ziemlich langweilig. Jeder trug Krawatten und lächelte den ganzen Tag.

Was waren diese Leute bereit, für ihre nächste Beförderung zu tun? Ich erkannte, dass ich zwar Arbeit brauchte, um mein Leben zu finanzieren, dass mich aber niemand zwingen konnte, zehn Jahre lang unter Karriere orientierten Menschen zu leben. Ich erkannte, dass es für mich mehr im Leben gab: Familie, Musik, Reiten. Ich hätte mein ganzes Leben für eine sehr lange Zeit zurückstellen müssen, um Partner in diesem Unternehmen zu werden. Vielleicht würde ich sogar innerhalb dieser Zeit sterben. In zehn Jahren hätte ich dann wieder mit meinem Leben beginnen können. Aber was hinderte mich daran, jetzt bereits zu leben, die nächsten zehn Jahre und vielleicht sogar für den Rest meines Lebens? Nichts.

Ich kündigte und begann bei einem anderen Unternehmen. Nach ein paar Jahren kündigte ich auch dort, weil sich die Ansprüche änderten und von den Mitarbeitern mehr oder weniger dasselbe gefordert wurde wie im Unternehmen zuvor: mein Leben zu unterbrechen und eine Karriere zu beginnen. Erstaunlicherweise arbeite ich jetzt in meinem eigenen Unternehmen sogar noch härter als zuvor, aber ich habe keine Karriereziele mehr, die mich unter Druck setzen. Mein Leben ist besser, und sogar mein Geschäftserfolg ist größer.

Eine Karriere bedeutet nicht, zu springen, wenn ein Manager das von Ihnen verlangt. Es scheint, dass die Menschen glauben, dieses Verhalten würde den Gehaltsscheck erhöhen. Vielleicht tut es das auch. Aber dabei lernen Sie nichts anderes als Springen, wenn es von Ihnen verlangt wird. Sie erhalten den Job deswegen. Ich möchte wirklich keine Stelle, nur weil ich einem Befehl folgen kann. Ich bin es leid, in Unternehmen zu arbeiten, die das erfordern. Stattdessen möchte ich für Unternehmen tätig sein, die Talent und Leidenschaft fördern. Die mir helfen, mich zu entwickeln, weil sie wissen, dass ich auf diese Weise auch das Unternehmen voranbringe. Ich möchte für Unternehmen arbeiten, die aus Menschen und nicht aus Managern bestehen.

In Deutschland werden Sozialarbeiter und Altenpfleger sehr schlecht bezahlt. Wenige Menschen wollen Geld für Alte, Schwache oder Kranke ausgeben. Krankenschwestern arbeiten hart, aber wenn man mit ihnen spricht, scheinen sie mit ihrer Arbeit größtenteils sehr zufrieden zu sein. Auch wenn sie unterbezahlt sind, habe ich nie eine Krankenschwester getroffen, die meinen Job als Programmierer haben wollte. Das brachte mich auf den Gedanken, dass eine geringer bezahlte Arbeit, der mit Leidenschaft nachgegangen wird, möglicherweise besser ist als eine gut bezahlte, aber langweilige. Das soll nicht heißen, dass diese Menschen nicht mehr verdienen müssten, nur weil sie ihren Job lieben. Sie sollten es auf jeden Fall, und wir werden das alle irgendwann begreifen, wenn wir in fünfzig Jahren selbst Hilfe benötigen.

Wenn Sie immer mit einem Ziel vor Augen an Ihrem Code arbeiten, passiert es möglicherweise, dass Sie Ihren Weg verlieren. Und der Weg selbst kann schön sein. Es kann viel Zufriedenheit darin liegen, ein Software-Entwickler zu sein. Es spielt keine Rolle, ob Sie Anfänger oder Experte sind. Sie müssen jetzt leben und die Rolle ausfüllen, in der Sie sich befinden, sonst werden Sie möglicherweise die fantastische Erfahrung verpassen, wie es sich anfühlt, ein Programm zu gestalten und aufzubauen.

Die eindrucksvollsten Menschen, die ich getroffen habe, schufen Karrieren, ohne groß darüber nachzudenken. Sie arbeiten und tun, was sie tun müssen, mit Leidenschaft und mit aller Energie, über die sie verfügen. Diese Menschen sind geborene Führer. Sie haben keine Macht „über" Menschen, sondern Macht im Umgang „mit" Menschen (Forsyth, 2009). Andere werden sie erkennen und ihnen folgen.

Konzentrieren Sie sich nicht auf Ziele wie zum Beispiel das Erlangen einer Managerposition. Wenn Sie gut sind und ein geborener Führer, werden Sie die Position irgendwann erhalten. Glauben Sie niemandem, der Ihnen einreden möchte, dass Sie Ihr Leben zurückstellen müssen, um später Ruhm zu verdienen. Diese Menschen wollen Sie nur kontrollieren.

Das Peter-Prinzip bringt uns zu einem wichtigen Punkt. Wikipedia definiert es als: „Glauben, dass in einer Organisation, in der Beförderung auf Leistung, Erfolg und Verdienst beruht, die Mitglieder dieser Organisation schließlich auch über die Ebene ihrer Fähigkeiten hinaus gefördert werden. Das Prinzip wird allgemein so formuliert, dass ‚Mitarbeiter dazu neigen, auf ihre Stufe der Inkompetenz aufzusteigen.‘"

Kurz gesagt, Sie werden gefördert, bis Sie ein Niveau erreicht haben, auf dem Sie am meisten scheitern. Im Grunde führen Karriereleitern zu diesem Punkt. Deshalb überlegen Sie sich besser zweimal, wohin Sie Ihr Weg führen soll. Es ist immer eine Option, eine Beförderung abzulehnen und weiterhin das zu tun, was Sie mögen und in dem Sie gut sind.

Der Geist kann nicht vom Körper getrennt werden

Ein Freund von mir ist Administrator, und er liest viel.

Über einen Universitätsabschluss verfügt er nicht. Wenn man mit ihm spricht, merkt man jedoch schnell, dass er ziemlich intelligent ist und sich rasch anpassen und verschiedene philosophische Muster verbinden kann. Es klingt verlockend, über diese Fähigkeiten zu verfügen, aber das ist es nicht immer. Mein Freund leidet gleichzeitig an Depressionen. Die Ursachen dafür kenne ich nicht. Erschwerend kommt aber hinzu, dass er so viele philosophische Theorien kennt, dass für ihn die meisten Gespräche falsch, langweilig oder sinnlos klingen. Er sieht nicht viel Sinn im Leben und hat seinen eigenen Weg noch nicht gefunden. Er lebt ein Leben der Gedanken. Mit Vernunft allein ist ihm nicht zu helfen. Er muss selbst einen Weg aus dieser Misere heraus finden.

Im Sommer haben wir eine lange Diskussion über philosophische Themen geführt. Irgendwann sagte er mir, dass er froh darüber wäre, wenn er seinen Geist einfach vom Körper trennen könnte. Ohne einen Körper wäre er vielleicht in der Lage, ohne Einschränkungen zu denken.

Ist das die seltsame Idee eines Träumers oder der Wunsch eines postmodernen Menschen? Mit Biohackern[29] unter uns klingt es nicht mehr so sehr nach Frankenstein.

Aber schauen Sie sich unser Leben als Computer-Programmierer an: Wir sitzen, meist ohne uns zu bewegen, in ungesunden Positionen vor einem Monitor und starren stundenlang darauf. Wir arbeiten mit unserem Geist. Wenn wir ein Modell für ein komplexes Problem haben, visualisieren wir unsere Gedanken mit minimalem Aufwand durch die Tastatur. Zehn Stunden am Tag. Zur Mittagszeit bewegen wir unsere Körper zu einem nahe gelegenen Restaurant und essen etwas. Zu Hause entspannen wir uns dann vor dem Fernseher. Die Frage ist doch, ob wir unsere Körper nicht längst von unseren Köpfen getrennt haben? Haben

---

[29] Biohacker sind Leute, die technische Veränderungen an ihren Körpern vornehmen, um ihre Fähigkeiten zu verbessern.

wir nicht bereits den Anschluss an die reale Welt und das wahre Leben verloren?

Nachdem ich mit Zen begann, wollte ich meine Freizeit ebenfalls in der realen Welt verbringen und entschied mich für das Spielen der Shakuhachi, einer japanischen Bambusflöte, die auch für Meditationszwecke verwendet werden kann.

Ich wurde von Watazumi, einem Zen-Priester und berühmten Shakuhachi-Spieler (Watazumi 2012[30]), inspiriert. Er entwickelte seine Art zu spielen über fünfzig Jahre lang und betonte die Verbindung zwischen Körper und Geist. Er behauptete, Atmung und körperliche Stärke seien an einen gesunden Geist gebunden. Sein Tag begann um halb vier Uhr morgens. Er übte mit dem Jō-Stab – einem 4,2 Meter langen Holzstab, der in der Kampfkunst verwendet wird. Nach diesen Übungen folgten sechs Stunden Shakuhachi-Spiel. Es ist überliefert, dass er diesem Ablauf für mindestens 3.000 aufeinanderfolgende Tage folgte.

> Und wenn du an Rhythmus denkst, Rhythmus ist nicht nur einfach Rhythmus; Rhythmus ist die Bewegung des gesamten Körpers bis in die letzte Zelle.
>
> Watazumi Roshi (Watazumi, 2012)

Wenn ich das Gefühl habe, dass ich mich zu sehr in

---

[30] [#watazumi]

der virtuellen Welt verstricke, spiele ich die Shakuhachi ein wenig länger als bei meinen gängigen Übungseinheiten. Zusätzlich treibe ich Sport und behalte dabei Watazumi in Erinnerung, der übte, bis er starb.

Mein Freund erinnerte mich mit seiner Art hingegen an den Philosophen Nietzsche.

Wenn Sie zu lange im „virtuellen Modus" bleiben, wird auch Ihre Wirklichkeit irgendwann virtuell. Wenn Sie zu lange komplexe technische Probleme lösen, werden Sie schließlich selbst zu einem komplexen technischen Problem.

Nietzsches Originalzitat verdeutlicht das:

> Jeder, der Monster bekämpft, sollte aufpassen, dass er währenddessen nicht selbst zum Monster wird. Und wenn Sie in den Abgrund schauen, wird der Abgrund auch in Sie sehen.
>
> Friedrich Nietzsche (Nietzsche, 1886)

Wenn wir altern, werden wir unter dem Aufmerksamkeitsmangel leiden, mit dem wir unsere Körper bedacht haben. Wir werden uns fragen, warum wir unter Krankheiten leiden. Die Antwort ist einfach – wir wurden Monster. Wir wurden virtuelle Menschen.

Wir sollten umdenken, solange wir noch über Muskeln, ein schlagendes Herz, einen Puls und Zellen verfügen.

Lerne

Die einzige Konstante im Leben ist die Tatsache, dass es keine Konstante gibt. Das Leben ist wie ein fließender Fluss. Die Fähigkeiten, die gefordert werden, ändern sich. Programmierer müssen ihre Fähigkeiten jeden Tag verfeinern. Sie sind gezwungen, ihre Art zu denken, schnell zu ändern oder sogar völlig neue Fähigkeiten zu erlernen. Wir erfahren ständig von neuen Start-ups. Wir stehen täglich vor neuen Technologien. Unser Code ist immer anders. Es bleibt nichts gleich, selbst wenn wir unter den gleichen Anforderungen arbeiten oder Code wiederverwenden, ist das Gesamtergebnis doch ein anderes.

Letztes Jahr begann ich ein Projekt noch mit einfachem jQuery. Heute würde ich kein Projekt mehr ohne AngularJS beginnen. Es ist auch schwer, einem Kunden etwas zu empfehlen, der Nachhaltigkeit verlangt.

Für Konfuzius, einen klugen Mann, der sehr von den östlichen Traditionen beeinflusst wurde, war das Lernen ein wichtiges Thema.

> Die besten Männer werden weise geboren. Als Nächstes kommen die, die durch Lernen klug geworden sind, dann engstirnige. Engstirnige Geister sind ohne Lernen die niedrigste Form von Menschen.
>
> Konfuzius (Eliot, 2001)

Der Förster

Ein guter Förster weiß, dass jeder Baum anders wächst. Er weiß, dass Wurzeln unterschiedlich lang sind. Er ist sich jedes Baums, der Sonne, der Erde und aller Tiere im Wald bewusst. Er wird all das beachten, bevor er einen Baum fällt. Schlechte Förster gehen schnell durch den Wald und fällen Bäume, um so viel Gewinn wie möglich in kürzester Zeit zu machen.

Wir müssen etwas über unsere Umwelt lernen. Es ist leicht, eine neue Programmiersprache zu erlernen, aber es ist nicht so einfach, die losen Enden unseres Wissens zu verbinden. Wenn wir lernen, müssen wir uns Zeit nehmen, um diese Verbindungen zu finden und herzustellen. Sonst werden wir nur an der Oberfläche unserer Arbeit kratzen.

Theorie muss Praxis werden

„Der Niedrigste von uns ist derjenige, der nicht lernt", sagte Konfuzius. Aber Lernen bedeutet nicht nur, zu Hause zu sitzen und Bücher zu lesen. Sie müssen üben, was Sie erlernen, oder es bleibt nur Theorie. Es hat keinen Sinn, sich eine neue Programmiersprache beizubringen und sie dann nie zu verwenden. Sie haben sie nicht erlernt, bis Sie ein Projekt damit geschrieben haben.

Dieses Beispiel scheint sehr offensichtlich. Aber ich kenne immer noch viele Leute, die dieses sinnlose Lernen betreiben. Sie kaufen Bücher – über Kommunikationsfähigkeiten, über Methoden, „wie man ein besseres Leben führt" –, aber dann stellen sie mit dem neuen Wissen rein gar nichts an. Sie lesen, um ihr Gewissen zu beruhigen. Manchen von ihnen stelle ich die Frage, warum sie nicht einfach anwenden, was sie gelernt haben. Die Antwort lautet oft: „Es ist nicht so einfach." Sicher, denn wenn es so einfach wäre, etwas zu ändern, bräuchten wir keine Ratgeber.

Sie möchten Ihre soziale Kompetenz verbessern? Seien Sie ein netterer Mensch. Wenn Sie kein netter Mensch sind, wird Ihnen leider auch kein Buch helfen. Es liegt nun einmal an Ihnen, sich zu ändern.

Wenn Sie die Theorie nicht in die Praxis übertragen wollen, können Sie sich die Zeit auch sparen und etwas anderes tun.

Lern von anderen

Es ist einfach, von anderen zu lernen, und nur das eigene Ego wird Sie davon abhalten.

Andere mögen über ein umfangreicheres Wissen verfügen, selbst wenn sie jung sind. Wenn Sie nicht vom Code eines anderen lernen können, lernen Sie aus seinem Verhalten, seinen Ängsten, Vorlieben und Abneigungen. Wenn ein anderer Sie nicht mag, versuchen Sie zu erfahren, warum. Und wenn er Sie schätzt, versuchen Sie ebenfalls herauszubekommen, warum. Wenn Sie einen guten Code geschrieben haben und jemand beschwert sich darüber, ergründen Sie die Ursachen dafür. Warum wollen Ihre Kollegen Ihren Code mit einer schlechteren Lösung ersetzen?

Eine Sache, die mir dabei geholfen hat, von anderen zu lernen, war das Arbeiten an Open-Source-Projekten.

Der Leitsatz der Apache Software Foundation lautet: Gemeinschaft über Code. Während dieser Zeit traf ich viele tolle Leute. Nicht nur auf den Mailinglisten, sondern auch persönlich auf Konferenzen. Sie waren alle sehr nett, und wenn ich heute ein Problem habe, kann ich Sie jederzeit ansprechen, und meistens können sie mir auch helfen.

Ich bin mir nicht zu schade, Fragen zu stellen, wenn ich etwas nicht verstehe. Selbst wenn erwartet wird, dass ich etwas weiß, äußere ich manchmal einfache Fragen. Es macht mir nicht viel aus, wenn es dumm klingt. Niemand weiß alles. In Open-Source-Communities sind Ihre Fragen für die Öffentlichkeit sichtbar. Davor haben einige Leute Angst. Potenzielle Arbeitgeber könnten immerhin sehen, welche Frage Sie gestellt haben. Aber worin liegt eigentlich das Problem? Wenn Sie nett fragen, haben Sie nichts zu befürchten. Lernen ist nichts, wofür Sie sich schämen müssten.

Meine ersten Code-Beiträge waren schrecklich. Obwohl ich sie mit besten Absichten verschickte, wurden sie aus einer Reihe von Gründen stets abgelehnt. Das ging eine ganze Weile so. Am Anfang war es frustrierend, aber letztlich lag darin auch eine große Chance. Manchmal gaben mir Leute, die für ihre außergewöhnliche Arbeit auf bestimmten Gebieten bekannt waren, bei der Überprüfung meines Codes nützliche Hinweise. Inzwischen kann ich sagen, dass die Open-Source-Arbeit mich mehr gelehrt hat als jede Ausbildung.

Wenn Sie wirklich lernen wollen, treten Sie einer Open-Source-Community bei und beginnen Sie damit, mit anderen zu hacken. Es lohnt sich.

Die Unabhängigkeit von Titeln

Sind Sie ein Senior Programmierer? Was macht Sie zu einem „Senior"? Ist es Ihr Alter? Ist es die Zeit, die Sie an einem Projekt beteiligt waren? Oder ist es Ihr unglaubliches und kaum zu schlagendes Wissen um eine bestimmte Technik? Ich gebe zu, als ich jung und ein so genannter Junior Programmierer war, wollte ich immer ein Senior werden. Wahrscheinlich nur, weil andere Menschen den Senioren in meinem Team zuhörten und ich den Respekt mochte, der ihnen entgegengebracht wurde.

Senior Programmierer zu werden, ist nicht so einfach. Sie können zehn Jahre lang arbeiten, der einzige lebende Experte für eine spezielle Programmiersprache sein, und trotzdem nennen Sie andere vielleicht nur einen Geek, aber nicht einen Experten. Sie können Tausende verschiedene Technologien erlernen, aber die Leute nennen Sie möglicherweise immer noch einen Junior in jeder dieser Technologien. Und wenn Sie so ein Typ werden, der immer alles weiß und es anderen erklärt, werden Sie irgendwann einfach ein Idiot genannt.

Heutzutage erleben wir einen regelrechten Modewort-Wahnsinn. Menschen jagen nach Job-Titeln, als würden diese sie zu besseren Menschen machen. Wenn einige Leute die gleiche Mühe darin investieren würden, ihre Kollegen netter zu behandeln, würden wir in einer besseren Welt leben.

Es gibt Software-Architekten, Scrum-Master, Software-Entwickler, Berater, Analyst Berater, Senior Analyst Programmierer und so weiter.

Der Begriff „Programmierer" wird als Synonym für Menschen benutzt, die gut im Umgang mit Syntax sind, aber sonst keine Ahnung haben. Es ist schlimm, heutzutage ein Programmierer zu sein. 2011 schrieb Patrick McKenzie einen Blog-Beitrag mit dem Titel „Nennen Sie sich nicht Programmierer und andere Karrieretipps" (Kenzie, 2011). Er hat darin beschrieben, wie diese Bezeichnung über kurz oder lang dazu führen kann, dass Sie Ihren Job verlieren. Sie müssen sich selbst einen „Wertschöpfer" oder etwas Ähnliches nennen.

Im Grunde versuchen das andere mit kryptischen Berufsbezeichnungen wie „Senior Consultant Architect". Wenn noch Platz auf der Visitenkarte bleibt, könnten Sie auch noch Agile, SEO, REST oder einen anderen modischen Begriff hinzufügen. Wir üben uns in Jobtitel-Marketing.

Ich verstehe nicht, wie Menschen die Begriffe „Programmierer" und „Entwickler" unterscheiden können. Ich habe schon Leute sagen hören, dass Programmierer irgendwelche Typen aus Indien sind, aber die eigentlichen Entwickler sind diejenigen, die ein System planen und die indischen Programmierer für das Schreiben bezahlen.

Ein Programmierer, Computerprogrammierer, Entwickler oder Coder ist eine Person, die Computersoftware schreibt.

Wikipedia

Kein Unterschied für Wikipedia. Ich kann auch keinen großen Unterschied zwischen Programmierern/Ent-
wicklern aus reichen Industriestaaten und Kollegen aus
klassischen Outsourcing-Ländern sehen.

Die Suche nach einem Unterschied, der auf Standort
oder Aufgaben beruht, ist der falsche Weg. Es führt leicht
zu Vorurteilen und ist arrogant.

Diese Sichtweise unterteilt die Welt außerdem in Drit-
tel. Die Erste Welt ist die mit wirklichen Entwicklern,
Architekten und Projektmanagern. Den erfolgreichen, den
Schönen. Die Welt mit den großen Ideen und tollen Träumen. Die Zweite Welt ist die mit den Menschen, die wir
nur Programmierer nennen, die für wenig Geld den Code
schreiben. Und die Dritte Welt ist die, in die wir unseren Elektronikschrott schicken, weil sie nicht einmal Code
schreiben können.

Es gibt tolle Entwickler, die in jeder Ecke der Welt
leben. Sie können nicht sagen, dass ein Programmierer, der
eine Spezifikation implementiert, schlechter ist als der Kerl,
der die Spezifikation geschrieben hat. Sie wissen es einfach
nicht.

Ein Job-Titel sollte beschreiben, was Sie am meisten
mit Ihrer Zeit tun. Sie sollten Außenseitern eine Idee davon
vermitteln, ob Sie die richtige Person sind, mit der man für
eine bestimmte Aufgabe sprechen muss. Ein Titel macht Sie

nicht mehr oder weniger wertvoll. Man kann einfach nicht von einem Titel ablesen, ob jemand gut oder schlecht ist in dem, was er tut.

Schließlich werden Software-Leute in einer bestimmten Weise Programmierer. Es spielt keine Rolle, ob Sie eine Software planen oder testen oder Anforderungen der Kunden überprüfen. Alle sind Teil des Softwareprogrammierungsprozesses, und das macht sie zu Programmierern.

In meiner eigenen Firma bin ich CEO, Software-Architekt, Tester, Administrator und Hacker. Ich bin Programmierer. Wenn ich jemanden einstelle, um Code für mich zu schreiben, bin ich immer noch Programmierer.

Die Wahl eines guten Jobtitels kann zur Kunstform werden. Drücken Sie in einem oder zwei Wörtern aus, was Sie tun. Anhand der breiten Palette von Aufgaben, die wir jeden Tag durchführen müssen, ist es fast unmöglich. Ein guter Job-Titel ist ausdrucksvoll, aber schlicht.

Fließendes Wasser

Niemand kann seine Reflexion in fließendem Wasser sehen. Nur in stillem Wasser können wir das sehen.

Taoistisches Sprichwort

Bei der Arbeit laufen wir wie Hamster in Rädern. Telefonieren, Twitter, E-Mails; Code, der trotz schrecklicher

Probleme laufen soll. Und unsere Kunden interessieren diese Probleme wenig, sie wollen einfach nur die Deadlines einhalten.

Wir sind mehr als nur Programmierer. Wir müssen atmen, und wir brauchen Zeit, um über uns selbst nachzudenken. Wir müssen unsere Siege feiern und unsere Knochen, Haut und Muskeln fühlen. Wir müssen von Zeit zu Zeit unseren Geist von den Problemen anderer befreien und unser eigenes Leben erhalten.

Kurz gesagt: Wir brauchen Zeit für unsere eigenen Gedanken und Gefühle, im Guten wie im Schlechten. Wir müssen die fließenden Gewässer in unserem Leben beruhigen.

Um sich zu beruhigen, sollten Sie etwas anderes tun als arbeiten. Manche Menschen glauben, dass Hobbys nur „Spaß" oder „ablenkend" sind. Für sie gilt nur die Arbeitszeit als das wahre Leben. Aber sie liegen falsch mit dieser Ansicht. Wenn Sie es sich leisten können, ein Hobby zu pflegen, sollten Sie dem nachgehen. Es hilft, sich selbst auszudrücken. Ebenso wie bei der Entwicklung Ihrer Persönlichkeit. Es wird schließlich auch Einfluss auf Ihr Berufsleben haben.

Ein Mann, den ich kenne, erklärt sich viele Dinge in der Welt, indem er sie mit dem Reiten von Pferden vergleicht. Diese Metapher funktioniert beinahe perfekt für ihn. Musiker können Dampf mit Musik ablassen. Für andere wiederum funktioniert es mit Langstreckenlauf. All diese Dinge werden uns helfen, darüber nachzudenken, wer wir sind, und den Blick zu ändern, den wir aufs Leben haben.

Sie definieren sich über die Dinge, die Sie tun.

Ein Job bringt Essen auf den Tisch. Er kann sogar lohnend sein. Aber Sie können die Arbeit nicht weiterentwickeln, wenn Sie Ihre Persönlichkeit nicht entwickeln.

In der Regel beschreiben mich Menschen als Programmierer, der die Shakuhachi spielt. Aber in Wirklichkeit bin ich eigentlich ein Shakuhachi-Spieler, der Computer programmiert. Ich schätze Blumen und singende Vögel. Ich versuche, einen Blick aus dem Fenster zu werfen, selbst wenn der Druck hoch ist. Das ist nicht nur Selbstschutz oder Faulheit. Es hilft mir, mich selbst zu prüfen und Denkfehler aufzudecken. Es hilft mir, meine Arbeit besser zu machen und Prioritäten zu setzen. Ich bin ein Shakuhachi-Spieler, auch wenn ich nicht spiele. Ich bin es, wenn ich den Besprechungsraum betrete und mit jedem Atemzug, den ich nehme. Selbst wenn meine Arme nicht mehr funktionieren und ich nicht mehr spielen kann, werde ich noch einer sein.

Und wer sind Sie?

Wenn Sie diese Frage nicht beantworten können, dann ist es Zeit, sich hinzusetzen und darüber nachzudenken.

Anfängergeist

Vor einer Weile traf ich einige seltsame Leute. Sie kamen frisch von der Universität und erwarteten an ihrem ersten Tag im Büro, dass man sie zu Teamleitern ernennen würde. Natürlich haben sie nicht bekommen, was sie wollten, und waren ganz enttäuscht.

Sie können die besten Noten in der Schule gehabt haben, aber im Büro müssen Sie häufig von vorn anfangen. In Universitäten lernen Sie wahrscheinlich alles über Java, doch im Arbeitsalltag müssen Sie dann erst einmal neue Werkzeuge und neue Konzepte zur Programmierung erlernen.

Einige junge Entwickler passen sich schnell daran an; andere nicht. Letztere halten sich für Experten, und es ist unglaublich schwer, einen Experten zu erziehen. Sie neigen nämlich dazu zu glauben, dass sie bereits alles wissen, und können oft schlecht neue Erkenntnisse aufnehmen. Sie lernen langsam.

Manchmal habe ich Mitglieder in mein Team aufgenommen, die sich als diese Art „Experten" herausstellten. Aber: Erfahren oder nicht, Experten können Gift für ein Projekt sein.

Im Geist eines Anfängers gibt es viele Möglichkeiten.
In dem eines Experten nur wenige.

Shunryu Suzuki (Suzuki, 2011)

Shunryu Suzuki spricht mir aus dem Herzen. Je mehr Sie so ein Fachmann sind, desto weniger Optionen können Sie sehen. Als ich noch ein junger Entwickler war, wurde mir einmal gesagt: „Wenn man einen Hammer besitzt, sehen alle Probleme wie ein Nagel aus."

Der Kollege, der mir das sagte, besaß eine Menge

Erfahrung, jedoch keinen Expertengeist.

Er hat immer nach dem besten Werkzeug oder Konzept gesucht, wenn er vor einem Problem stand. Er lernte Perl, falls er One-Liner benötigte. Er lernte XSLT, wenn er XML-Transformationen ausübte. Er lernte ständig neue Dinge und hatte keine Angst davor, etwas Neues auszuprobieren. Beständiges Lernen hält nicht nur Ihren Geist rege, es erweitert auch Ihren Horizont. Es zeigt verschiedene Lösungen für dasselbe Problem, und aus diesen können Sie dann die beste auswählen.

Es gibt ein bekanntes Problem mit uns „Experten", das meistens Kunden betrifft.

Wenn uns ein neuer Kunde seine Anforderungen zeigt, und wir betrachten uns als Domain-Experte, kann es passieren, dass wir aufhören, sorgfältig zuzuhören. Ohne etwas über die Gedanken der Kunden zu lernen, neigen wir dazu, ihnen den gleichen Rat zu geben wie zuvor. Zwei Automobilhersteller können zwar ein Problem teilen, doch mit ihrem unterschiedlichen Hintergrund benötigen sie vielleicht verschiedene Lösungen.

Stattdessen ist es besser, einen Anfängergeist zu behalten. Nehmen Sie an, dass Sie noch nie für einen Kunden gearbeitet haben wie den, dem Sie gerade zuhören. Nehmen Sie an, Sie sind ein Anfänger in Ihrer Lieblingsprogrammiersprache. Nehmen Sie an, es könnte etwas Wahres an dem dran sein, was der andere Kerl Ihnen sagt, und hören Sie zu. Sie brauchen dieses Wissen nicht anzunehmen, aber Sie sollten wie ein Anfänger zuhören.

Code schreiben wie ein Tenzo

Ein Tenzo ist der Koch eines Zen-Klosters. Während der Begriff des „Kochs" in Europa nicht mit besonderem Glanz verbunden ist, ist der Tenzo eine hoch angesehene Person und hat eine wichtige Rolle im Zen inne.

Dōgen schrieb einen recht langen Text über den Tenzo. Meister Dōgen wurde im Jahr 1200 geboren. Nach dem Tod seiner Mutter trat er in ein Kloster ein. Diese Zeit in Japan wurde vom (Bürger-)Krieg gezeichnet. Selbst die Zen-Mönche waren teilweise bewaffnet und wurden als Soldaten eingesetzt, wenn die verschiedenen Zen-Linien nach mehr Macht strebten. Dōgen verließ das Kloster schnell wieder, als er Buddhas Weg im Klosterleben nicht mehr erkannte. Nach dem Bürgerkrieg ging er nach China, um dort weiterzulernen.

Heute gilt er als Erneuerer des Zen-Wegs und als Patriarch der heutigen Sōtō-Linie.

Eines seiner Werke ist „Tenzo-Kyokun" („Anleitungen für den Koch") (Dōgen, 2007). Er schrieb es, weil er das Gefühl hatte, dass in vielen Klöstern das Kochen nicht mit dem richtigen Bewusstsein ausgeübt wurde. Er glaubte daran, dass ein Tenzo wichtig war und seine Aufgaben ebenso als wichtige Übungen angesehen werden sollten. Nur den besten Studenten sollte die Ehre zuteilwerden, Tenzo zu sein.

Als ich diesen Text vor Jahren gelesen habe[31], begriff

---

[31] Ich habe eine deutsche Übersetzung gelesen, die Kommentare von Kosho Uchiyama Roshi enthielt, der ein Schüler von Kôdô Sawaki war.

ich, dass Programmierer wie ein Tenzo arbeiten sollten.

Der Tenzo muss sorgfältig den Reis und andere Lebensmittel für die Mönche berechnen. Es muss genug für jedermann sein, und es sollte nur wenig in der Pfanne übrig bleiben. Ein Tenzo muss auf die Mönche schauen, wenn er die Mahlzeit berechnet. Wie viele sind es? Gibt es Gäste? Sind Mönche krank und nicht in der Lage, viel zu essen? Arbeiten sie hart und brauchen mehr? Und so weiter.

Programmierer sollten das Gleiche tun. Als Programmierer müssen wir auf die Anforderungen sehen und für uns selbst berechnen, wie viel Aufwand notwendig ist. Wenn Sie zum Beispiel nur einen Standard-Blog mit einem einfachen Setup entwerfen, ist es sehr wahrscheinlich nicht nötig, eine detaillierte Anforderungsanalyse oder sogar einen formalen Testplan zu erstellen. Aber es ist wahrscheinlich von Vorteil, ein paar Zeichnungen für Ihren Kunden zu machen, damit er sich etwas vorstellen kann. Damit haben Sie weder zu viel noch zu wenig getan. Wenn das Projekt wächst, können Sie den Umfang der Spezifikation immer noch erhöhen.

Wenn Sie mit einem größeren Projekt starten, sollten Sie darauf achten, dass die Dinge gut dokumentiert sind und es genug Beschreibung für die anderen Teammitglieder gibt. Dokumentation und Beschreibungen sind Kommunikation. Sie sollten so viel und so deutlich aufschreiben, dass jeder Sie versteht. Sie haben zu viel gemacht, wenn Sie die Dokumentation kopieren. Teile der Dokumentation vom Quellcode in eine Textverarbeitungsdatei zu kopieren, ist oft zu viel. Es gibt Werkzeuge, wie Sie Dokumentationen aus Quellcode herstellen und unnötigen Aufwand vermeiden können.

Der Tenzo besitzt einen Überblick über die Küche. Er weiß, was fehlt und was nicht. Er nimmt sich Zeit, um über diese Dinge nachzudenken und sie in eine sinnvolle Reihe zu bringen.

Wie der Tenzo müssen Programmierer einen Überblick über das Budget haben. Sie brauchen Zeit, um neu zu berechnen und ihre Einschätzungen anzupassen. Auf die Frage nach dem Stand ihrer Handlungen müssen sie in der Lage sein, jederzeit eine angemessene Antwort zu geben. Als Programmierer stehen wir oft vor Situationen, die wir nicht voraussehen konnten. Zum Beispiel beim Warten auf Vorschläge von einem Kunden. In diesen Fällen müssen wir ehrlich und offen bleiben. Im schlimmsten Fall sollten Tenzo-Programmierer Projekte auch einmal ablehnen, wenn sie schon ahnen, dass die Beteiligten nicht zufrieden sein werden. Der Tenzo wird vielleicht auch nicht kochen, wenn er nicht alle Zutaten hat.

Der agile Ansatz der Computer-Programmierung verleitet uns dazu, nur in Blöcken von Programmierzeit zu denken. Das kann den Blick für die kreative Zeit und die Dinge trüben, auf die wir ein Auge haben müssen. Wenn nicht genug Zeit bleibt, sollte der Programmierer einschreiten. Das muss wie jedes andere Risiko behandelt werden, das wir vielleicht im Budget kalkuliert haben.

Ich habe einmal einen Fehler gemacht, als ich einem Projekt zustimmte, das Low-Budget war und für das ich nicht die Zeit aufbringen konnte. Der Kunde nörgelte so lange, bis ich zustimmte, ein paar Studenten zu engagieren, die den Code für seine Vision eines großen neuen sozialen Netzwerks nur für Musiker schreiben würden. Ich wusste, dass die Idee nicht erfolgreich sein konnte. Doch der Kunde versicherte mir, er würde mit den Studenten geduldig sein, aber ich ahnte, dass dies nicht der Fall sein würde. Die Studenten waren für die Arbeit dankbar, daher sagte ich dem Kunden trotz schlechten Gefühls schließlich zu. Es gelang mir zwar, die Kontrolle zu behalten, genützt hat es mir leider nichts. Ich konnte sehen, wie schnell alles schief lief. Der Kunde wurde wütend, und die Studenten ebenfalls. Am Ende musste ich sie aus meiner eigenen Tasche bezahlen.

Low-Budget-Projekte lassen Ihnen nie Zeit, um sich etwas zweimal zu überlegen, oder gute Entscheidungen zu treffen. Sie geben Ihnen nicht die Zeit für die Kundenbetreuung. Es ist wie das Kochen einer Suppe ohne Wasser.

Dōgen schrieb, der Tenzo soll das Essen für die Sangha (eine Gemeinschaft aus Zen-Übenden, in diesem Fall Mönche) zubereiten und dabei die sechs verschiedenen Geschmacksrichtungen kombinieren und die drei Vorlieben in Harmonie verbinden. Die Geschmäcker sind bitter, sauer, süß, salzig, mild und warm. Die drei Vorlieben sind richtiges Kochen, richtige Vorbereitung der Mahlzeit und der rechte Geschmack. Dies gilt für die Tenzo, aber auch für den Programmierer.

Programmierer müssen die Balance zwischen:

- Komplexität und Flexibilität,
- per Hand eingegebener und automatisierter Arbeit,

- sinnvoller Dokumentation und zeitfressenden For-
  mularen,
- Unit Tests und Budget,
- Chaos und Methodik,
- Konfiguration und Abmachungen

und Weiterem halten.

Wir müssen es richtig tun. Wenn ein Tenzo ein Sand-
korn im Reis findet, muss er es wegwerfen. Allerdings darf
er nicht ein einziges Reiskorn verlieren, wenn er den Reis
reinigt. Wir müssen alle unsere Vor- und Nachteile ansehen
und entscheiden; wir sollten das Beste herausholen, dabei
aber nicht versteckte Edelsteine durchrutschen lassen.

Der Tenzo muss sorgfältig kochen – er geht nicht
zwischendurch eine Zigarette rauchen, während der Reis
kocht. Er muss den Reis und die Suppe zur selben Zeit
servieren. Er hat zwar Helfer, aber er ist immer noch dafür
verantwortlich, das alles ein Erfolg wird. Um erfolgreich
zu sein, benötigt er all seine Aufmerksamkeit und sein Bewusstsein. Wenn wir programmieren oder planen, müssen
wir uns dessen bewusst sein und uns darauf konzentrieren.
Vorbereitung und Planung des Projekts sind so wichtig wie
die Ausführung.

Wir müssen den richtigen Geschmack liefern. Während
die testgeprüfte Entwicklung in der Theorie absolut sinnvoll klingt, ist sie dennoch nicht für jedes Projekt sinnvoll. Verstehen Sie mich nicht falsch; Unit-Tests sind entscheidend für professionelle Software-Entwicklung. Aber
es könnte manchmal besser sein, wenn Sie die Frist einhalten und nur die komplexesten Teile getestet werden, als

vier Wochen zu spät zu liefern, nur weil Sie Ausnahmen testen wollten, die eigentlich nicht auftreten. Seien Sie ehrlich bezüglich der Risiken Ihres Quellcodes. Es könnte manchmal salzig schmecken, aber es ist nicht unbedingt zu salzig. Unit-Tests sollten keine Religion werden, sie sind ein Werkzeug.

Ich möchte eine Geschichte aus Dōgens Text erzählen, die mich sehr beeindruckt hat.

Dōgen sagte, der Tenzo arbeitet mit Körper und Geist; er verschwendet keine Zeit, und sein Werk ist eine Übung der Lehre Buddhas.

Eines Tages erreichte Dōgen auf seinen Reisen ein Kloster. Die Sonne brannte ohne Gnade auf ihn nieder, und es war so heiß, dass seine Füße kaum auf den Fliesen stehen konnten. Der Tenzo Yung trocknete Pilze. Er trug einen schweren Bambusstock, aber keinen Hut. Er war 68 Jahre alt, und es war harte Arbeit für ihn. Dōgen konnte deutlich den Schweiß sehen, der ihm in die Augen lief.

Dōgen fragte: „Warum bittest du nicht jüngere Menschen um Hilfe?" Yung antwortete: „Andere Menschen sind nicht ich." Dōgen dachte nicht zu lange darüber nach und fragte noch einmal: „Ich denke, du hast recht, du erledigst Buddhas Arbeit. Aber die Hitze ist unerträglich, warum arbeitest du, wenn es so heiß ist?" Yung antwortete: „Jetzt ist die einzige Zeit, zu handeln."

Ich werde die Interpretation Ihnen überlassen.

Karma-Code

Karma ist ein wichtiges Konzept in vielen Religionen wie Hinduismus, Jainismus und Buddhismus. Es bedeutet, dass jede Handlung eine Konsequenz nach sich zieht, auch Aktionen des Geistes. Der Schmetterlingseffekt beschreibt, wie ein Schmetterling durch seinen Flügelschlag zu einem tropischen Sturm führen kann. So ähnlich verhält es sich auch mit Karma, mit dem Unterschied, dass es nicht notwendig einen Einfluss auf das aktuelle Leben, sondern auch auf eines der folgenden haben kann.

Karma kann wie Mathematik- oder Physikprinzipien verstanden werden. Es gibt keinen Gott, der Sie und Ihren Haushalt nach Ihren Karmapunkten beurteilt.

In der westlichen Welt gibt es manchmal das Missverständnis, dass Sie gutes Karma sammeln und schlechtes vermeiden sollten. Das ist nicht wahr. Denn das Ziel ist es eigentlich, überhaupt kein Karma zu verursachen. Als würden Sie in einem See stehen und keinerlei Wellen erzeugen; einfach nur eins sein mit dem See und der Umgebung.

Vielleicht haben Sie es schon erraten, Buddhas verursachen kein Karma. Erst wenn einem das gelingt, unterbricht man die unzähligen Zyklen von Geburt und Tod und wird am Ende freigegeben.

Wir müssen die Software schreiben, ohne Karma in der Mannschaft oder im Code zu verursachen. Gutes Karma und schlechtes Karma werden Wellen auslösen und die beteiligten Personen aufrütteln.

Bitte vergessen Sie vorerst, was die Begriffe „gut" und

„schlecht" in der westlichen Welt bedeuten. Sie glauben vielleicht, dass „gutes" Karma nur von Vorteil sein kann, aber dem ist nicht so. „Gutes" Karma sind Ihre guten Absichten, die ebenfalls Schaden anrichten können. Anstatt zu versuchen, „gut" oder sogar „schlecht" zu sein, versuchen Sie, das Richtige zu tun. „Gut" und „Böse" sind relative Begriffe. Was gut für Sie ist, muss nicht immer gut für einen anderen sein. Ethik ist eine komplizierte Sache, in der es nicht immer eine klare Antwort gibt. „Gut" oder „schlecht" zu handeln, führt zu Konflikten. „Handeln, ohne zu handeln" ist das, was wir erreichen müssen.

Team Karma

Handeln Sie nicht arrogant oder egoistisch. Das Team ist wie dieser riesige See, in dem Sie Wellen erzeugen können. Sie sind ein Tropfen in diesem See. Wenn Sie sich schlecht benehmen, könnten Sie zu einem Gifttropfen werden, der tausende Liter Wasser vergiftet. Sie könnten den Tod aller Fische und Vögel verursachen, die darin leben. Wenn der See klein genug ist, stirbt möglicherweise alles Leben in diesem Gewässer.

In der Start-up-Szene gibt unzählige Blog-Posts über den Mitarbeiter „Nummer eins". Start-ups sind empfindliche Ökosysteme. Sie fangen klein an und haben manchmal das Glück, klein zu bleiben. Aber manchmal wachsen sie in riesige Dimensionen. Und alles beginnt mit dem Angestellten Nummer eins. Der erste Mitarbeiter wird oft als der wichtigste angesehen, da er den Ton und die Atmosphäre im Team vorgibt. Sie können schlechtes Karma verursachen, wenn Sie sich entscheiden, einen brillanten Blödmann zu beschäftigen. Niemand will mit einem Idioten arbeiten, auch wenn er ein Genie ist. Große Unternehmen sind vielleicht in der Lage, dieses Karma zu kompensieren, aber kleine Unternehmen verursachen meistens ein Problem.

Sie können gutes Karma erzeugen, wenn Sie eine nette, freundliche Person beschäftigen, die ihren Job liebt und immer eine positive Einstellung hat. Wenn Sie selbst mit einem Lächeln auf dem Gesicht geboren wurden, werden Sie damit kein Problem haben. Sind Sie jedoch introvertiert und können nicht immer die positive Seite einer Sache sehen, kann Ihnen der Mann mit dem guten Karma sehr schnell auf die Nerven fallen.

Wie sehr Sie ein Idiot oder ein Sonnenschein sind, hängt immer davon ab, wie Sie andere sehen.

Optimal ist es, eine Person zu engagieren, die zu Ihnen und Ihrem Team passt. Die Person ist nicht übertrieben nett oder negativ im Vergleich zu Ihnen und Ihrem Team. Sie teilt Visionen und Träume, aber füllt die leeren Plätze. Die richtige Person zu finden, ist die heutige Kunst des Anstellens. In der Welt der IT-Kleinstunternehmen geht es nicht nur darum, „eine freie Position zu füllen".

Code-Karma

Wenn Sie Code schreiben, der fehlerhaft ist, erzeugen Sie schlechtes Karma. Schlechtes Karma wird in dieser Version oder in einer späteren Version wiederkehren.

Der falsche Code kann ernsthafte Probleme in einem Start-up verursachen und es zum Scheitern bringen. Sie sollten Code vermeiden, der „zurückfeuert". Wenn Sie schlechten Code vermeiden wollen, empfehle ich die folgenden Bücher:

- „Clean Code" von Robert C. Martin (Martin, 2008)
- „Design Patterns" von Erich Gamma et al. (Gamma, 1995)
- „Refactoring" von Martin Fowler (Fowler, 2008)

Diese Bücher sollten Sie eigentlich an der Universität bereits gelesen haben.

Schlechtes Karma im Code könnte durch einen Mangel an Unit-Tests, unlesbaren Code oder eine übertriebene Komplexität entstehen. In den Zeiten der modernen IDEs ist ungarische Notation nicht mehr notwendig. Und Komplexität ist eine subjektive Angelegenheit, die nur durch Diskussion mit den Kollegen vermieden werden kann. Code-Reviews sind wirklich hilfreich, um geistigen Sackgassen zu entkommen.

Sie können schlechtes Karma im Code vermeiden, wenn Sie sich jede Zeile, die Sie schreiben, zweimal überlegen. Hören Sie auf, schlechten Code-Stil zu verwenden, nur weil Sie keinen anderen kennen. Wenn Sie von etwas erfahren, suchen Sie nach Alternativen. Vergleichen Sie sie. Entwickeln Sie Ihre eigene Meinung und ändern Sie diese, wenn jemand bessere Argumente vorbringt.

Schlechtes Karma im Code lässt sich oft bei Verwendung geeigneter Werkzeuge finden. Beispiel: Findbugs[32]

---

[32] http://findbugs.sourceforge.net

kann helfen, ziemlich viele schlechte Stellen im Code auf-
zuspüren, wie zum Beispiel unerwünschte Veränderungen
von Objekten. Es gibt auch Unit-Test-Tools, Code-Format-
Prüfer und Werkzeuge, die Ihnen sagen, wenn etwas, das
man geschrieben hat, einfach zu komplex ist.
Mit anderen Worten, schlechtes Code-Karma entsteht
durch schlechten Code bei mangelnder Aufmerksamkeit.
Code ist nicht dafür da zu zeigen, was für ein guter
Programmierer Sie sind. Code ist nur hier, um einem Zweck
zu dienen, Anforderungen zu erfüllen und wartbar zu sein.
Wenn Sie Code schreiben, um für Ihre Fähigkeiten gelobt zu
werden, schaffen Sie gutes Karma. Vielleicht hegen Sie auch
gute Absichten: das flexibelste System zu erschaffen, das
es jemals gab, oder das am besten wiederzuverwendende
Testsystem zu erstellen. Aber wenn es keine Notwendigkeit
dafür gibt, verkomplizieren Sie die Dinge nur.
Gutes Code-Karma entsteht durch guten Code mit
guten Absichten und die Suche nach einer Belohnung.
Code, der zu gut ist, wird schlecht werden: Wenn
ihn niemand mehr in Ihrem Team versteht, mag es ein
fantastisches System, aber trotzdem nutzlos sein.
Gutes Karma im Code ist problematischer. Die Person,
die es erzeugt, hat meistens gute Gründe für ihre Entscheidungen. Eine Diskussion ist sehr hart und ein Konsens oft
noch schwieriger zu finden. Ein brillanter, aber wirklich
detailverliebter Kollege hat einmal im Büro eine Graphen-
theorie für Geschäftsmodelle vorgestellt. Der ganze Vor-
schlag war sehr komplex und schwer zu begreifen. Man
benötigte gute Mathematikkenntnisse und viel Zeit, um ihn

zu verstehen. Wir wussten nicht, ob wir die Feature jemals brauchen würden, da die Anforderungen nicht deutlich waren. Aber nach einiger Diskussion, einigten wir uns darauf, das Modell anzuwenden.

Wir begingen jedoch zwei Fehler.

Erstens betrachteten wir das Problem mit der Sichtweise eines Experten. Wir hätten es allerdings mit dem Auge eines Anfängers ansehen sollen. Wir diskutierten nur diese eine Lösung, dabei hätte es vielleicht auch noch eine andere gegeben.

Zweitens erzeugten wir gutes Karma, indem wir viel zu weit in die Zukunft dachten. Wir haben Funktionen hinzugefügt, die wir wahrscheinlich erst in fünf Jahren benötigt hätten. Es ist ein häufig hervorgebrachtes Argument, dass man mehr Zeit am Anfang aufwenden soll, um so später Zeit zu sparen; das ist aber auch ein gefährliches Argument. Es gibt nämlich einen Unterschied zwischen Vorausdenken und Verkomplizieren.

In unserem Fall fiel das Karma auf uns zurück, denn als sich die Anforderungen leicht veränderten, veränderte das auch unseren Code. Wir standen plötzlich einer Menge Ausnahmen gegenüber, und es fiel uns schwer, den Code zu erhalten. Dennoch weiß ich bis heute nicht, wie wir es hätten besser machen können. Ich weiß nur, dass wir mit etwas mehr Zeit wahrscheinlich einen günstigeren Weg gefunden hätten.

Bei einer anderen Gelegenheit bat ich einen Entwickler, einem Kollegen aus dem QA-Team dabei zu helfen, Tools zu testen, um die Arbeitsbelastung zu senken. Der Entwickler war hoch motiviert und begann mit den Werkzeugen. Der Code wurde sehr flexibel. So flexibel, dass das QA-Team ihn nie benutzte. Die Kollegen hätten eine Excel-Tabelle mit rund 10.000 Optionen konfigurieren müssen, um ein paar Tests durchzuführen. Ja, es war flexibel und in der Theorie das, was wir benötigten. In der Praxis war es jedoch viel zu viel. Trotzdem hatte der Entwickler alles nach bestem Wissen und Gewissen getan.

Gutes Karma wird von Teammitgliedern geschaffen, die „etwas sehr, sehr Gutes für das größere Wohl" erzeugen möchten. Sie basteln den besten, flexibelsten Code, den sie sich vorstellen können. Das ist dann viel mehr, als man braucht, aber für sie ist es einfach das Beste, was man haben kann. Vielleicht spielt das Ego dabei eine Rolle, aber nicht zwangsläufig.

Schlechtes Karma ist viel leichter zu vermeiden als gutes Karma. Während alles Karma auf irgendeine Weise das Ergebnis unseres menschlichen Versagens ist, kann schlechtes Karma entdeckt und mit dem Einsatz von Werkzeugen verbessert werden. Für gutes Karma gibt es solche Werkzeuge nicht. Es ist in vielen Fällen ein soziales Problem und entsteht aus Leidenschaft. „So gut ich kann", ist nicht immer der beste Weg. Wir alle müssen manchmal für eine Weile innehalten und wirklich alles versuchen, um die tatsächlichen Anforderungen mit dem in Übereinstimmung zu bringen, wozu wir fähig sind, unter Berücksichtigung der Umgebung, in der wir tätig sind. Das heißt, gutes Karma kann verhindert werden, indem man das Projekt als Ganzes betrachtet, einschließlich der Projektmitglieder,

Kunden, Anforderungen, Konkurrenten und unseres eigenen Selbst.

Um es zusammenzufassen: Schlechtes Karma im Code entsteht durch schlechten Code, ohne Sorge dafür zu tragen. Gutes Karma im Code entsteht durch guten Code, für den man gelobt werden will.

Es ist besser, kein Karma zu erschaffen.

Es kann auch passieren, dass Sie schlechten Code erstellen, selbst wenn Sie wissen, was Sie tun. Manchmal ist es sogar notwendig, fehlerhaften Code zu schreiben. Die Meisten von uns haben das schon einmal getan und werden es vermutlich auch wieder tun. Solange Sie sich darum sorgen, ist es akzeptabel. Menschen, die sich sorgen, werden das Problem beheben oder es vorläufig im Kopf behalten. Sie sind auf jedem Fall in der Lage, zu reagieren.

Sie können versuchen, außergewöhnlich guten Code zu schreiben. Konzentrieren Sie sich auf das Problem, das Sie lösen möchten, nicht auf das, welches Ihnen Ihre Mitarbeiter einreden wollen. Ein Programm sollte nur das Problem lösen. Wenn es das tut, obwohl es langweilig und gewöhnlich aussieht, ist es sehr wahrscheinlich richtig.

Finanzinstituten oder Ähnlichem, bei denen oft eine andere Ausbildung erforderlich ist.

Die Anderen

Der Buddha-Programmierer

Als ich den Artikel „Die Zehn Regeln des Zen-Programmierers" schrieb, fragte mich jemand: „Wie kann man all diese Regeln einhalten?" Die Frage brachte mich ins Grübeln, und heute würde ich lieber einen anderen Titel wählen, wie zum Beispiel: „Zehn Empfehlungen für Zen-Programmierer."

Der Begriff „Regel" ist fordernd; er würde bedeuten, dass Sie kein Zen-Programmierer sind, wenn Sie die Regeln brechen. Aber so ist es nicht gemeint.

Es gibt Zeiten, in denen es einfach ist, sich dem Zen zu verschreiben. Und es gibt Zeiten, da ist es hart und wir scheitern. Manchmal ist es einfach nicht möglich, unserer eigenen Ethik zu folgen, oder wir müssen trotz Erschöpfung arbeiten, weil wir Angst um unsere Zukunft haben. Wir sind Menschen. Darüber hinaus sind Sie vermutlich kein Zen-Mönch, wenn Sie das hier lesen, sondern gehen einer anderen Arbeit nach oder suchen nach einer Anstellung. Vielleicht müssen Sie eine Familie ernähren. Es kann schwierig sein, Verpflichtungen zu erfüllen, während Sie dem Zen-Weg folgen.

Mönche treten aus dem Leben heraus, das wir alle kennen, und trotzdem gibt es viele von ihnen, die den Zen-Weg selbst nach vielen Jahren der Praxis nicht vollständig verstehen. Wie können wir Programmierer also, die wir in einem stressigen Umfeld tätig sind, diesem Weg zur Gänze folgen?

Ein einziges Buch wird nicht helfen. Unsere Arbeit zu kündigen, wird nicht helfen, ebenso wenig wie das Meditieren für ein paar Stunden. Es ist harte Arbeit und verlangt lebenslanges Engagement, um einen ausgewogenen Zustand des Geistes zu erreichen (Ausnahmen kann es natürlich geben).

Wenn Sie allen Regeln entsprechen, sind Sie wahrscheinlich ein Buddha geworden. Einer jener seltenen Menschen mit einer klaren Sicht. Einer dieser Menschen, die immer lächeln. Im Vergleich zu den Lehren einer solchen Person ist dieses Buch nicht von Wert. Ich bin weit davon entfernt, ein Buddha-Programmierer zu sein.

Ich habe dieses Buch geschrieben, weil Zen etwas in mir verändert hat. Das bedeutet aber nicht, dass ich zu jeder Zeit meinen eigenen Regeln folge – das kann ich nicht. Aber ich bin mir meiner Probleme bewusst geworden und habe gelernt, dass Zen mir dabei hilft, sie zu erkennen.

Ich folge diesem Weg in meinem eigenen Tempo. Bei unserer Reise geht es nicht um das Ziel. Der Weg allein sollte uns in Bewegung halten. Das Ziel ist nicht, ein Buddha zu werden. Das ist nicht notwendig. Mein Ziel ist es, mit beiden Beinen fest auf der Erde zu stehen. Ich möchte aus dem Kreis des Konsums, des Drucks und der Termine ausbrechen. Ich möchte als Mensch leben.

Buddhas sind Menschen, die ihr Leiden beenden. Sie sind eins mit ihrer Umgebung. Bei der Betrachtung der wahren Buddhas dieser Welt muss man feststellen, dass es so etwas wie einen Buddha-Programmierer nicht gibt. Ein Buddha würde sich nicht hinsetzen, um Code zu schreiben.

Wenn ich von Buddha-Programmierern spreche, benutze ich lediglich einen Begriff für eine seltene Gruppe von Menschen. Ich verbinde ihn nicht mit den echten Buddhas, sondern mit Personen, die über einen klaren Blick und eine ruhige Stimmung verfügen. Sie sehen die guten Seiten ihrer Kollegen und sprechen auch über die schlechten. Wenn wir von Emotionen und Wünschen getrieben werden, helfen sie uns dabei, unseren Weg zurückzufinden. Im Allgemeinen sind das Menschen, denen andere vertrauen und die sie lieben. Sie sind nicht auf der Suche nach Anhängern oder Anbetern.

Falls du Buddha auf der Straße triffst, töte ihn.

Linji Yixuan (Suzuki, 2011)

Linji Yixuan war der Gründer der Rinzai-Zen-Linie. Das Zitat ist eines seiner beliebtesten Aussprüche, und Sie können es in vielen Büchern finden. Er war in solchem Maß von der Bedeutung dieses Zitats überzeugt, dass er es auf den ersten Seiten zur Erläuterung des Zazen benutzte.

Wenn Sie Buddha außerhalb von sich selbst sehen, ist es ein falscher Buddha. Sie müssen ihn loswerden. Sie sind nicht im Hier und Jetzt, sondern an anderer Stelle. Töte den Buddha, und du wirst wieder frei sein. Mit anderen Worten: Wenn Sie Buddha werden wollen, werden Sie nie die Buddhaschaft erlangen. Das ist wie mit dem Programmieren: Wenn Sie ein großer Programmierer werden wollen, wird es Ihnen kaum gelingen. Stattdessen stehen die Chancen gut, dass Sie sich zu einem Idioten oder Korinthenkacker entwickeln. Geben Sie einfach Ihr Bestes, und haben Sie Spaß an der Arbeit, daraus besteht das Rückgrat eines guten Programmierers. Es ist die Gegenwart, die zählt.

Ein Ziel kann Sie an der Verwirklichung desselben hindern.

Üben Sie der Übung halber. Programmieren Sie, um zu programmieren. Ich habe nie einen Zen-Meister erlebt, der sich selbst „Buddha" nannte. Stattdessen ist alles „Buddha" (Red Pine, 1987) oder „besitzt" eine „Buddha-Natur" (Dōgen, 1997). Während Tiere diese „Buddhaschaft" immer zum Ausdruck bringen, müssen wir Menschen lernen, sie auszudrücken. So gesehen können Sie diese „Buddhaschaft" vielleicht als Zustand des Geistes ansehen, der kommen und gehen mag. Darüber kann ich mich leider nicht weiter äußern. Es ist jedoch nicht sinnvoll, zu versuchen, ein sehr guter Programmierer oder ein Buddha (Programmierer) zu werden.

Lehrer und Schüler

Vor Jahren nannte ich Entwickler, von denen ich viel lernte und die ein großes Verständnis für einen bestimmten technischen Bereich besaßen, „Guru". Später zog ich den Begriff Sensei vor (Jap.: 先生). Er bedeutet „früher geboren". Er drückt aus, dass ich nicht nur bereit bin, die technischen

Details zu erlernen, sondern auch die Art und Weise, wie ich mich dem Problem nähere.

Ein Sensei ist jemand, der Sie Kampfkunst, Zen-Meditation oder sonst etwas lehrt. In Japan besitzt ein Sensei mehr Gewicht als ein Lehrer in der westlichen Welt. Er ist eher ein Vorbild. Die Beziehung zu einem Sensei greift viel tiefer, fast wie die Beziehung zwischen Eltern und Kind. Sobald Sie sich für Ihren Lehrer entschieden haben, werden Sie für eine lange Zeit bei ihm bleiben, wahrscheinlich für immer. Wenn Sie Ihren Sensei verlassen, ist vermutlich eine ernste Sache geschehen. Es ist ein Zeichen von mangelndem Respekt und verlorenem Vertrauen, und es wird Ihnen schwer fallen, einen neuen Sensei zu finden.

Im Zen werden Leute oft zusammen mit ihrem Lehrer genannt. Zum Beispiel: „Ushiyama Roshi, der ein Schüler von Kôdô Sawaki war ..."

Auf der anderen Seite könnte ein Sensei Sie aber freigeben, wenn er spürt, dass er Sie nichts mehr lehren kann. Vor Jahren las ich den Satz: „Es wird eine Zeit kommen, da du von einem anderen Sensei lernst." Ich habe Titel und Autor des Buchs leider vergessen. Wenn Sie jemals diesen Satz von Ihrem Sensei hören, dann ist das ein großes Kompliment, er teilt Ihnen damit mit, dass Sie begabter sind als er selbst.

Aber es scheint so, dass der Begriff in Japan auch sarkastisch verwendet werden kann. Daher werde ich im Weiteren den Begriff „Lehrer" verwenden, um Wörter zu vermeiden, deren Bedeutung ich nicht vollständig erfassen kann.

Die Lehrer in der westlichen Welt unterscheiden sich von denen in Japan in mancher Hinsicht.

Im Westen bauen wir nicht unbedingt eine Beziehung zu einem Lehrer auf. Häufig betreten wir das Klassenzimmer, und der Lehrer versucht, seiner Arbeit nachzugehen und uns einige Fakten beizubringen. Wenn die Show vorbei ist, gehen wir wieder.

Ich, der Schüler

Eine starke Bindung hatte ich leider nie an die Kollegen, von denen ich gelernt habe. Trotzdem habe ich versucht, so viel wie möglich zu lernen. Einmal wurde ich gebeten, dem EAI-Team beizutreten. EAI bedeutet Enterprise-Application-Integration und ist die Kunst große Softwaresysteme zu verbinden. Das kann kompliziert sein, und ich war auf diesem Feld ein Anfänger. Zum Glück hatte ich einen kompetenten Lehrer. Er verwandte eine Vielzahl von Werkzeugen und Programmiersprachen. Dabei hatte er keine Angst, etwas Neues auszuprobieren oder ein Werkzeug zu verwenden, bei dessen Umgang er noch kein Experte war. Er versuchte einfach, das Problem auf die effizienteste Art und Weise zu lösen. Dadurch lernte er eine Menge neuer Technologien. Er war auch sehr wählerisch bei seinem Essen und wählte sogar das Wasser, das er trank, vorsichtig aus. Selbst wenn wir 60, 70 Stunden und bis spät in die Nacht arbeiteten, behielt er eine positive Einstellung und blieb ruhig. Wir wurden ein echtes Team. Am Anfang habe ich versucht, die Dinge so zu tun wie er, später passte ich die Art meinen persönlichen Präferenzen an. Für mich war das fantastisch, und er hatte einen großen Einfluss darauf, wie ich heute arbeite.

Als sein Schüler versuchte ich, alles zu lernen, was er bereit war, mir beizubringen. Ich hörte zu und imitierte die Art, wie er arbeitete.

Imitation hat bei uns oft einen negativen Beigeschmack. Sie scheint unkreativ oder weniger innovativ. Dabei vergessen wir, dass sie ganz natürlich ist: Unsere Kinder lernen auf diese Weise. Als ich anfing, die Shakuhachi zu spielen, wurde ich gebeten, das Spiel so lange zu imitieren, bis ich es begriff. Als ich verstand, wie der Lehrer spielte, durfte ich experimentieren, neu erschaffen und verändern. Bis heute imitiere ich dabei auch noch, das sind jetzt bereits vier Jahre. Es gibt noch vieles, was ich nicht vollständig erfasse und was ich mir genauer ansehen muss.

Ein Sprichwort besagt, dass der Beginn des Lernens wie das Wachsen der Knochen ist. Später erschaffen Sie Muskeln und Nerven mit dieser Imitation. Wenn Sie zur Haut kommen, haben Sie Ihre Fähigkeiten gemeistert und können das Imitieren beenden.

Ich kenne einen fantastischen Jazz-Pianisten. Wir diskutieren oft über die Natur der Musik. Ich erzählte ihm von einer Rockband, deren Mitglieder glauben, sie könnten Musik nur mit Emotionen spielen. Sie behaupten, dass Musiktheorie nichts sei, das sie kennen müssen, und weigern sich sogar, die Grundlagen zu erlernen. Mein Freund erwiderte, dass man erst ein Experte in Musiktheorie werden müsse, um die Regeln brechen zu können. Dies unterstreicht die Bedeutung der Nachahmung von Bach oder Vivaldi, wenn

Sie experimentelle Musik schaffen wollen. Ohne die Regeln zu kennen, können Sie sie nicht brechen.

Während Sie imitieren, entwickeln Sie bereits Ihren eigenen Stil. Es ist fast unmöglich, es nicht zu tun. Nachahmung bedeutet nicht Klonen. Ich spiele die Shakuhachi ganz anders als mein Lehrer, auch wenn ich versuche, wie er zu klingen.

Als ehrgeiziger Schüler können Sie eine Menge von anderen lernen. Viele Menschen sind bereit, Ihnen alles beizubringen, was sie wissen. Ich habe gelernt, dass es viele Türen öffnet, andere mit Respekt zu behandeln. Über die Fragen nachzudenken und im Vorfeld Recherche zu betreiben, zeigt sogar noch größeren Respekt. Ihr Lehrer ist nicht Ihre persönliche Google-Suche. Stattdessen zeigt das Darlegen einer oder mehrerer Lösungen und die Frage nach Bestätigung Ihre Motivation und Ihr Interesse. Lehrer spiegeln oft Ihr Verhalten wider. Wenn Sie faul sind, sind auch die Lehrer mit der Beantwortung der Fragen faul. Wenn Sie an der Sache interessiert sind und Ihr Bestes versuchen, wird auch ein guter Lehrer Ihnen dabei helfen, das Beste zu erreichen.

Vergeuden Sie nicht die Zeit des Lehrers. Fragen Sie, was Sie fragen müssen, aber heucheln Sie nicht Interesse, indem Sie offensichtliche Fragen stellen. Bereiten Sie die Fragen für Ihren Lehrer so auf, dass leicht zu verstehen ist, was Sie wissen wollen. Halten Sie den Bezug kurz und präzise und langweilen Sie nicht mit Kleinigkeiten.

Wie erwähnt, Imitation bedeutet nicht Klonen. Mein Lehrer im Büro verwandte Perl One-Liners und VI. Also versuchte auch ich, für eine lange Zeit damit umzugehen. An Perl habe ich mich jedoch nie gewöhnt, wogegen ich VI häufig nutze. Statt Perl benutze ich Ruby.

Ein Lehrer hält sich oft selbst für einen Schüler. Er möchte vielleicht auch von Ihren Erfahrungen hören. Kaffeepausen sind eine gute Gelegenheit, darüber zu sprechen. Vielleicht fallen ihm dabei noch ein paar Tipps für Sie ein, oder er mag es einfach, mehr über Ihre Interessen zu hören.

Zielen Sie niemals darauf ab, die Stelle Ihres Lehrers einzunehmen. Niemand wird Ihnen jemals wieder etwas beibringen wollen, wenn Sie das tun. Wenn Sie Erfolg haben, teilen Sie ihn mit Ihrem Lehrer. Vergessen Sie nicht, dass Sie ohne ihn nicht so weit gekommen wären. Es ist keine Schande, Ihrem Team von der Unterstützung des Lehrers zu erzählen. In dem Augenblick, in dem Sie planen, die Stelle Ihres Lehrers zu übernehmen, ist er nicht mehr Ihr Lehrer. Es wird Ihre Beziehung aus dem Gleichgewicht werfen.

Halten Sie Ihre Beziehung ehrlich und offen. Wenn Sie ein Problem mit etwas haben, das der Lehrer tut, sagen Sie es ihm zuerst. Beunruhigen Sie ihn nicht, sprechen Sie offen und geben Sie ihm eine Chance, zu reagieren. Es ist oft eine gute Idee, Positionen untereinander zu verdeutlichen, bevor Sie alles mit einem größeren Publikum besprechen.

Wenn die Gespräche offen und konstruktiv sind, verlässt sich der Lehrer vielleicht auf Sie. Wenn Sie nicht versuchen, sein Versagen zu Ihrem Erfolg zu machen, wird er Ihnen vertrauen. Wenn das passiert, können Sie einen Kreis schließen und werden auch zum Lehrer Ihres Lehrers.

Zwischen Schüler und Lehrer gibt es ein Geben und Nehmen. Als Schüler haben Sie wahrscheinlich nicht viel Wissen zu geben. Daher schenken Sie Vertrauen, Zuverlässigkeit, Ehrlichkeit, Engagement und Loyalität.

Zum Lehren

Eines Tages kündigte ich meine Stelle bei einem großen Beratungsunternehmen und ging zu einem kleineren Unternehmen. Die Teams hatten nur eine Größe von 10 bis 15 Leuten. Die Mitarbeiter kamen aus der Region und nicht aus ganz Deutschland. In vielen Fällen waren sie Absolventen. Ohne Zweifel gab es eine Menge talentierter, junger Menschen in meinem Team. Nur der Mangel an Erfahrung war bedenklich.

Die ersten paar Tage war ich über eine Reihe Probleme, die an meinem Schreibtisch mit mir diskutiert wurden, erstaunt. Es gab niemanden, an den ich mich mit Fragen wenden konnte, und ich begann, mich allein zu fühlen. Ich fühlte mich ein bisschen traurig, denn es kam mir so vor, als ob ich zwar andere lehrte, aber selbst aufhörte, zu lernen.

Glücklicherweise lag ich falsch.

Ich hatte eigentlich ein ganzes Team, von dem ich lernen konnte. Ich fand heraus, das etwas Wahres dran ist, wenn jemand sagt: „Ein Lehrer lernt von seinen Schülern."

Zum Beispiel habe ich gelernt, was junge Mitarbeiter als schwer oder einfach betrachten. Es hat mir geholfen, Aufgaben zu verteilen. Ich habe auch etwas über die spezifischen Stärken der Kollegen gelernt. Indem ich das ganze Individuum in meine Betrachtungen einbezog, konnte ich

Aufgaben sinnvoll zuweisen.

Als Lehrer fand ich heraus, dass man Ratschläge wie Salz in Speisen geben sollte: sparsam. Entwickler lernen am besten aus eigener Erfahrung. Meist sind sie auf dem Höhepunkt der geistigen Entwicklung und Körperkonstitution. Sie haben Energie und eine Frische, die die Älteren von uns nutzen können. Es besteht keine Notwendigkeit für Mikro-Management. Sie haben die Fähigkeit, Probleme selbst zu lösen.

Lehrer geben schon gute Ratschläge, wenn sie einfach handeln. Wenn Sie die Notwendigkeit von Überstunden erklären wollen, seien Sie der Erste, der Überstunden leistet. Gute Schüler werden erkennen, was Sie tun. Beantworten Sie die Fragen nur, wenn tatsächlich gefragt wird. Auch wenn Sie die Fragezeichen in ihren Augen sehen können, warten Sie, bis sie fragen. Junge Kollegen brauchen Zeit, um nachzudenken. Sie werden zu Ihnen kommen, wenn sie Hilfe benötigen.

Es wird behauptet, ein Sensei lehrt, indem er Schüler eigene Erfahrungen machen lässt. Eugen Herrigel war ein Kyudo-Schüler (Bogenschießen) von Kenzo Awa und schrieb darüber Folgendes:

„Eines Tages fragte ich den Meister: ‚Wie kann sich der Schuss lösen, wenn ich es nicht tue?‘ ‚Es schießt‘, antwortete er. ‚Ich habe Sie das mehrmals sagen hören, lassen Sie es mich anders formulieren: Wie kann ich selbstvergessen auf den Schuss warten, wenn ich nicht mehr da bin?‘ ‚Es wartet auf die höchste Spannung.‘ ‚Und wer oder was ist das Es?‘ ‚Wenn Sie das verstanden haben, haben Sie keinen weiteren

Bedarf für mich. Und wenn ich versuche, Ihnen einen Anhaltspunkt auf Kosten der eigenen Erfahrung zu geben, wäre ich der schlimmste Lehrer und würde es verdienen, entlassen zu werden! Also lassen Sie uns aufhören, darüber zu reden, und gehen Sie wieder an die Übung.‘"

(see Herrigel, 1999))

Der einzige Entwickler eines kleinen Projekts in meiner Firma benötigte jemanden, der seinen Code bewertete. Ich nahm mir die Zeit und besah mir Unmengen an Datenbankbefehlen und verwandten Programmen. Die Art, wie er entwickelte, war wie das Barfußlaufen durch die Wüste. Da er mich gebeten hatte, seinen Code zu überprüfen, sagte ich ihm, dass es Software-Produkte gibt, die eine bequemere Art und Weise für die Arbeit mit Datenbanken bieten, und empfahl drei von ihnen. Einige Zeit später nutzte er ein solches Produkt und überarbeitete seinen Code. Er fragte und entschied selbst, ob und wann er eines dieser Programme anwenden wollte.

Heute verfügt er über ein großartiges Expertenwissen zu einem dieser Produkte, das inzwischen sehr gefragt ist. Daher frage ich ihn von Zeit zu Zeit um Rat. Die Entscheidung, ein solches Datenbankprodukt zu nutzen, und die Faszination für die Idee hinter dieser Art von Tool wuchsen in ihm, weil er interessiert war und die Chance erhielt, diese Dinge selbst zu entdecken. Es ist von entscheidender Bedeutung, die Balance zu halten, zwischen zu wenig und zu viel zu sagen.

Die üblichen Software-Trainer sind genau das: Trainer. Sie fühlen sich nicht für ihre Schüler oder jede Art von Beziehung verantwortlich. Es geht um Powerpoint-Präsentationen und bezahlte Zeit. Es gibt ein paar Trainer, die anders denken. Bei ihnen haben die Schüler das Gefühl, ernst genommen zu werden. Es geht um Leidenschaft. Der Trainer ist bereit, das System so zu ändern, dass es für den Schüler sinnvoll wird. Die besten Trainingseinheiten für mich selbst waren in der Regel die, bei denen ich mit den Trainern in Kontakt blieb. Kurse mit „Trainern" sind verlorene Zeit; Stunden mit „Lehrern" jedoch von unschätzbarem Wert.

Ein Lehrer ist für den Lernpfad verantwortlich. In meinen ersten Tagen als EAI-Entwickler, erledigte ich eine Menge trivialer Aufgaben. Wenn ich Fragen hatte, wurden sie mir erklärt. Mein Lehrer war ernsthaft daran interessiert, mir alles beizubringen, was ich wissen musste, auch wenn diese Art von Fragen ihn gelangweilt haben müssen. Er hat mich nicht mit Vorträgen überwältigt, sondern wartete, bis ich das meisterte, was ich gelernt hatte. Selbst wenn wir unter Druck standen, wartete er geduldig auf mich, bis ich mein Wissen verbinden konnte und zu einer echten Hilfe für ihn wurde. Nach zwei Jahren verließ er das Projekt, und ein sehr dankbarer junger Programmierer übernahm seine Rolle.

Als Lehrer dürfen Sie nicht vergessen, dass Ihr Ego keinen Platz in der Beziehung zwischen Ihnen und Ihrem Schüler hat. Freundlichkeit und Geduld sind der Schlüssel für ein erfolgreiches Lernen.

Wenn Sie das Gefühl haben, dass sich Ihr Schüler nicht genug engagiert, beenden Sie die Lehrer-Schüler-

Beziehung und seien Sie einfach ein Kollege. Eine Beziehung dieser Art ist zweiseitig. Schüler, die von ihrem eigenen Ego getrieben werden, werden nie lernen und ihnen kann nicht geholfen werden. Vermeiden Sie es, Ihre Energie und Zeit an Menschen zu verschwenden, die nicht bereit sind, zu lernen, und verwenden Sie sie stattdessen besser auf interessantere Dinge in Ihrem Leben.

Hungrige Geister

Wenn das Motto Ihres Unternehmen lautet „Beförderung oder raus", werden die Menschen beginnen, mit Zähnen und Klauen um das höchst mögliche Ansehen zu kämpfen. Wenn Sie aufhören, an Ihrer Reputation zu arbeiten, endet oft auch Ihre Karriere.

In Projekten in einem solchen Umfeld finden sich oft viele Ablenker. Wenn etwas schief gelaufen ist, will die Person, die für das Problem verantwortlich ist, häufig jede Assoziation damit vermeiden. Wenn jemand das Problem erkannt hat, wird er sicherstellen, dass er Anerkennung dafür erntet, während der Verantwortliche versucht, die Schuld von sich zu wälzen.

Das funktioniert zwar in gewisser Weise, der Schwerpunkt des Projekts liegt aber nicht im Projekt selbst, sondern der individuellen Karriere der Mitglieder. Statt Teamkollegen schafft eine solche Umgebung Wettbewerber. Konkurrenten können anderen nicht zum Erfolg gratulieren. Gute Ideen werden schlecht aussehen, auch wenn es keine Mängel gibt.

Wenn ein Unternehmen nicht über ein solches Motto verfügt, ist vielleicht schon eine einzige Person, die so denkt, Gift für das Projekt.

Solche Projekte führen leicht zu Frustration und Demotivation. „Konkurrenz" ist in vielen Fällen gut, aber es gibt einen Unterschied zwischen einem guten und gesunden Wettbewerb und einem, wie ich ihn beschrieben habe. Eine giftige Atmosphäre zu erzeugen, kostet Geld. Zu viel Druck und Frustration führen zu Fehlern und dazu, dass die Leute ihre Stellen kündigen. Und es ist nicht leicht, gute Mitarbeiter zu finden.

Für mich beschreiben die mythologischen „hungrigen Geister" aus dem früheren Kapitel auch Menschen, die nur auf ihre eigene Karriere konzentriert sind. Hungrig, weil sie sich von ihrer Karriere ernähren – einem Wort in einer fiktiven Umgebung, das nichts bietet, um ihr eigenes Gewicht zu halten. Geist, weil sie zu vergessen scheinen, ein menschliches Leben zu führen und nur einen Aspekt ihres Lebens leben. Von Zeit zu Zeit muss ich die hungrigen Geister in mir ebenfalls besiegen.

Einmal wurde ich gebeten, ein zweites Projekt zu überwachen. Meiner Firma mangelte es an Mitarbeitern, und das Team wurde anhand der verfügbaren Leute und nicht ihrer Fähigkeiten zusammengestellt. Auf ähnliche Weise wurde der Teamleiter ernannt. Mein Chef fragte einfach, wer den Job wollte. Der Erste, der reagierte, erhielt die Position. Damit begann der Ärger.

Der Kunde war ein großes Unternehmen, und der neue Teamleiter war scharf darauf, die Kontrolle über alles

zu behalten. Er war nie mit dem Ergebnis der einzelnen
Aufgaben zufrieden. Sämtliche Kommunikation mit dem
Kunden musste durch ihn geschehen. Jede Aufgabe wurde
von ihm überprüft. Er wurde sehr wütend, wenn jemand
etwas tat, das er nicht genehmigt hatte. Er wurde zum
Mittelpunkt des Teams.

Als das Team größer wurde, wurde die Kommunikation härter. Das Projekt war riesig und komplex. Für eine
Person war es nicht mehr so einfach, alles zu prüfen und
abzusegnen.

Nach einer Weile glaubte der Teamleiter, dass die meisten Mitarbeiter sich nicht genug um das Projekt kümmerten. Er bildete ein Sub-Team mit zwei Mitarbeitern, denen
er vertraute und denen gegenüber er sich oft beschwerte.
Der Druck wuchs, und er wurde unglücklich und gestresst.

Das Team war ebenfalls unglücklich. Während der
Kunde nur den heldenhaften Entwickler zu sehen bekam,
konnte das Team nicht eine einzige Sache richtig machen,
erhielt kein positives Feedback und durfte nicht mit anderen Leuten, wie dem Kunden, reden.

Nach einer Weile verließ der Teamleiter das Unternehmen. Ich denke, er glaubte, eine bessere Mannschaft
zu verdienen. Er glaubte auf jeden Fall, dass das ganze
Projekt in die Luft fliegen würde, wenn er ging. Tat es aber
nicht. Die Atmosphäre erholte sich, und das Projekt wurde
angenehm.

Ein starkes Ego macht Sie glauben, dass sich die Welt
nicht mehr dreht, wenn Sie gehen. Aber das ist nie der Fall.
Wenn die gesamte Menschheit verschwindet, wird sich die

Welt trotzdem weiterdrehen.

Doch wie kann man mit hungrigen Geistern umgehen?

Es ist schwierig. Hungrige Geister können aggressiv werden, wenn sie nicht genug zu essen für ihr Ego bekommen. Es ist mir nie gelungen, einen hungrigen Geist wieder zu erden. Sie sind verloren, bis sie sich selbst untersuchen, ein „voller Erfolg" oder ein Opfer von Burnout werden.

Ich habe drei Arten des Umgangs erprobt.

Ignoranz

Ich bin kein Kindergärtner, und ich bin nicht für das Verhalten anderer Menschen verantwortlich. Wenn ich Projektmanager bin, bin ich für eine gute Arbeitsatmosphäre verantwortlich. Aber solange ich es nicht bin, ist es schwer, andere Menschen über ihr Verhalten zu belehren. Als Mitglied in einem großen Team habe ich einige hungrige Geister ignoriert und versucht, diese Abwärtsspirale durch das Festhalten an meine eigene Ethik zu brechen. Ich sagte einfach nur „Danke", wenn jemand mir geholfen hat. Ich habe kein Geheimnis daraus gemacht. Während die hungrigen Geister die Leiter nach oben kletterten und andere das Unternehmen verließen, half mir diese Art Ignoranz, in einer guten Stimmung und in dem Projekt zu bleiben.

Das Ignorieren der hungrigen Geister ist nicht einfach; sie verletzen oft Gefühle. Ich habe versucht, diese Gefühle zu akzeptieren, erinnere mich aber stets gleichzeitig daran, dass diese Emotionen nur existieren, weil sie an mein Ego gebunden sind.

Konfrontation

Das kann funktionieren, wenn es nur wenige hungrige Geister im Team sind und Sie mindestens die gleiche Autorität besitzen wie sie. Als ich es versucht habe, war ich nicht vollkommen mit dem Ergebnis zufrieden. Es hat mich eine Menge Energie gekostet und ermüdete mich unnötig. Eine private Diskussion half auch nicht viel; ich musste die Person vor dem gesamten Team konfrontieren. Um ehrlich zu sein, war es eine harte Diskussion. Das hat zwar eine Eskalation zwischen dem Geist und dem Rest des Teams verhindert, aber natürlich verschlechterte sich mein Verhältnis zu dem Geist.

Ich kann Konfrontation nur empfehlen, wenn es keine andere Option gibt. In einer hitzigen Diskussion ist es schwer, das Gleichgewicht zu bewahren, fair und beim Thema zu bleiben.

Manipulation

Manipulation ist in den meisten Ländern ein negativ klingender Begriff. Ich sehe ihn allerdings nicht so negativ. Jede Diskussion ist irgendwie Manipulation. Wenn Sie jemanden von Ihrer Sicht der Dinge überzeugen wollen, manipulieren Sie sein Denken. Sie manipulieren sogar noch mehr, wenn Sie jemanden von etwas überzeugen wollen, das Sie glauben.

Man kann aber auch auf eine negative Weise manipulieren. Um beispielsweise eine unerwünschte Person aus einer Gruppe auszuschließen. Positiver kann man manipulieren, wenn man versucht, eine hektische Situation zu beruhigen.

Ich musste mich früher einmal mit einem Kollegen auseinandersetzen, der immer versuchte, mich im Gespräch mit unserem Chef zu übertreffen. Egal was ich tat, er korrigierte oder kritisierte mich stets. Er hat nie vor diesen Treffen mit mir darüber gesprochen, nur wenn unser Chef dabei war. Er sah mich als Konkurrent und wollte mich ausbooten. Es wurde immer ärgerlicher und kostete mich Produktivität, bis ich schließlich beschloss, ihm die Anerkennung zu geben, nach der er sich sehnte. Es war allerdings schwer, denn ich war ziemlich aufgebracht. Aber ich begann, ihn öfter um seine Meinung zu einer Reihe von Lösungen zu fragen. Er wählte oft die, die mir selbst am sinnvollsten schien, und wenn wir ein Treffen hatten, betonte ich, wie mein Kollege mir zur Zufriedenheit unserer Kunden geholfen hatte. Das hatte zwei Vorteile: Er lernte mehr über die Art, wie ich arbeitete, weil ich ihm mehr Einblick in meine Gedanken gewährte. Es hat ihm vielleicht geholfen, wertvoller für unsere Firma zu werden. Und er lernte so schnell, dass er bald eine ähnliche Position wie ich einnehmen konnte – bei einem anderen Projekt.

Er wurde entspannter, als er anerkannt wurde. Er war auch netter zu mir und half mir sogar in manchen Situationen. Ich denke, er war froh, dass ich ihm auf seinem Weg half, ohne jemals etwas zu sagen. Schließlich bekam er die Rolle, die er wollte, und wir trennten uns, behielten aber ein gutes Verhältnis.

Zum Zeitpunkt des Schreibens dieses Buches, bin ich

selbstständig. Daher kann ich das Arbeiten mit hungrigen
Geistern oft vermeiden. Ich habe schon Aufträge abgelehnt,
weil ich ahnte, dass bloßes Ignorieren nicht helfen würde.
Das Arbeiten in einer solchen toxischen Umgebung erfordert viel Energie und macht das Leben schlimmer. Darüber
hinaus halte ich es für ein unkalkulierbares Risiko in einem
Projekt.

Inkompetenz

Als einmal ein Projekt-Manager das Unternehmen verließ,
musste ich seine Position übernehmen. Als wir den Status
des Projekts diskutierten, sagte er mir, dass ich mich um
Mike kümmern sollte. Mike würde eine Menge Fehler
machen, langsam arbeiten und sich nicht darum kümmern,
was er ablieferte. Darüber war ich überrascht. Ich kannte
Mike bereits und hatte immer den Eindruck, dass er ein
netter und engagierter Kerl war. Zurückblickend schien er
allerdings tatsächlich ein bisschen deprimiert.

An meinem ersten Tag allein nahm ich mir die Zeit,
um mit jedem Teammitglied zu sprechen. Ich fragte sie,
ob sie mit dem zufrieden waren, was sie taten. Mike behauptete, er sei zufrieden. Daraufhin erzählte ich ihm,
was der ehemalige Projektmanager gesagt hatte. Mike gab
anschließend zu, dass er gebeten worden war, als Release-
Manager zu arbeiten, er aber lieber an den Anforderungen
arbeiten wolle. Er mochte es, Code zu schreiben, hatte
jedoch Angst vor der Unix-Shell. Als Release-Manager tätig
zu sein, verursachte ihm Unannehmlichkeiten, weil er der

Letzte war, der die Freigabe überprüfte.

Ich hielt Mike nicht für inkompetent. Er hatte nur die falsche Arbeit.

Später erfuhr ich, dass ein anderer Kollege gern Release-Manager sein wollte. Dieser Mann übernahm die Rolle. Kürzlich war ich für die Erstellung der Anforderungen zuständig. Dabei bat ich Mike um Hilfe. Er konnte ausgezeichnet mit dem Kunden umgehen, schrieb eine Menge Dokumente. Als er seine Arbeit früher beendete als gedacht, half er dem Team mit der Umsetzung einiger Features. Er war nun eine Art Hybrid, der nicht nur programmieren konnte, sondern auch einen guten Kontakt zu unseren Kunden pflegte. Seine Unix-Fähigkeiten spielten keine Rolle mehr.

Er liebte seine neue Rolle. In kürzester Zeit respektierten die anderen Teammitglieder ihn wieder und baten ihn um Hilfe, wenn die Vorgaben unklar waren.

Es ist schwer, eine wirklich inkompetente Person zu treffen. Ich glaube nicht, je eine getroffen zu haben. Stattdessen sehe ich viele Leute, die im falschen Job oder der falschen Rolle gefangen sind. Es ist einfach, ein Projekt mit fünf Entwicklern am Laufen zu halten und nur schlimme Produkte zu veröffentlichen. Sie brauchen die „richtigen Leute" für den Job. Sie können versuchen, die Rollen zu tauschen, aber vielleicht gibt es einfach noch nicht die richtige Person im Team. Nicht jeder kann alles in der Software-Landschaft. Dieses Missverständnis verursacht eine Menge Ärger. Viele Personalvermittler glauben, dass sie einen Entwickler in jede Position stecken können, die sie ihm anbieten. Wenn es so wäre, wäre das Leben viel einfacher.

Computer-Programmierung ist nicht nur das Schreiben von Code. Es spricht zum Kunden. Es übersetzt technische Begriffe in menschliche Sprache. Es bedeutet auch die Berechnung des Budgets. Es bedeutet die Planung von komplexen Software-Systemen. Nicht jeder kann in all diesen Feldern gut sein. Wir versuchen, unsere Kompetenz auf unseren Visitenkarten zu beschreiben. Aber was bedeutet es schon, wenn jemand „Senior Chief Consultant" oder „Junior Web-Entwickler" ist? Es bedeutet im Grunde, dass der „Senior Chief Consultant" wahrscheinlich nicht so gut im Umgang mit HTML5 ist wie der „Junior Web-Entwickler". Es lässt den Senior nicht inkompetent aussehen, wenn er beim Schreiben eines gut aussehende HTML-Dokuments scheitert.

Wenn ich heute ein Projekt besetze, frage ich mich: Passt der Kandidat zum Projekt? Ist das die Rolle, die er will?

Oft können wir nicht würfeln und die Rollen tauschen. Wir müssen das akzeptieren, was wir kriegen, und weitergehen. Zeiten ändern sich, und Situationen werden besser. Wir müssen einen respektvollen Ton und Nachsicht erhalten, auch wenn es schwer ist.

Nur wenn das Projekt in Gefahr ist, wird es Zeit, zu handeln. Offen und ehrlich zu sprechen, könnte helfen. Wenn das nicht hilft, müssen wir die Situation auf die nächste Stufe heben. Seien Sie sich bewusst, dass dies Frustration und negative Emotionen verursachen kann, aber wahrscheinlich nicht so viele wie das Versagen des Projekts.

Machen Sie Ihr Projekt zu Zen

Ein Projekt ist wie ein großer Kahn. Er kann viele Leute an ein neues Ziel bringen. Auf dem Weg dorthin können die Passagiere Dinge wie wunderbare Sonnenaufgänge, Gewitter, aber auch unbekannte Seeungeheuer sehen. Menschen haben einen großen Einfluss auf diese Reise. Wenn sich alle auf die linke Seite des Kahns setzen, wird er sich auch nach links neigen. Wenn die Reisenden alle zur selben Zeit springen, wird der Kahn auftauchen. Und wenn sie alle an den Rudern sind, wird er sich schneller durchs Wasser bewegen. Es wird Zeiten geben, in denen niemand das Steuer übernehmen will – und andere, in denen ein jeder Kapitän sein möchte. Dann wird der Kahn ziellos dahingleiten.

Wenn der Kahn angeschlagen und die Crew frustriert ist, kann die Reise schnell zu einer Titanic-Erfahrung werden. Während die Projektmanager die Probleme noch als lösbar einstufen, besetzen die Entwickler bereits die Rettungsboote.

Der Erfolg eines Projekts hängt von den Mitarbeitern ab. Jeder im Team – der Manager, der Tester, der Systemanalytiker, der Programmierer – hat die Pflicht, sein Bestes zu geben, um den Kahn auf Kurs zu halten. Aber auch Menschen außerhalb des Teams sind wichtig, selbst wenn sie nicht mit im Boot sitzen: nämlich die Kunden. Von Land aus geben sie Zeichen, um uns anzuzeigen, in welche Richtung wir steuern sollen. Dabei müssen wir jedoch unseren eigenen Weg finden, der sowohl ihren Ratschlägen als auch unserer eigenen Einschätzung von problematischen Stellen folgt, die es zu umschiffen gilt, damit Schaden vermieden wird.

Zen kann dabei helfen, diesen Weg zu finden.

Sun Tsu and der General

Sun Tsu war ein chinesischer Philosoph and General, der ungefähr 500 v. u. Z. lebte. Er schrieb ein Buch mit dem Titel „Die Kunst des Krieges" (Sun Tsu, 1988). Dieses Buch lehrt den Leser jedoch nicht Zen, es ist ein militärisches Handbuch. Sun Tsu starb nämlich bereits 496 v. u. Z., Bodhidharma brachte den Ur-Zen (ausgesprochen Ch'an) aber erst um 480 u. Z. nach China. Daher ist es wahrscheinlicher, dass Sun Tsu von den Lehren des Konfuzius' und nicht von denen des Buddhismus beeinflusst war.

Trotzdem erinnern mich einige Lektionen Sun Tsus an Lektionen, die ich von Meister Takuan gelesen habe, der Schwertkämpfer in Zen unterrichtete. Sun Tsus Lektionen berühren die Zen-Philosophie in keinster Weise, sind allerdings nützlich, da sie uns lehren können, einen klaren und ruhigen Geist zu bewahren.

Ich möchte auf dieses Buch hinweisen, weil es eine gute Geschichte zu erzählen weiß:

Während der Zeit der Streitenden Reiche, als der Wei General Wu Qi Militärgouverneur des West Flusses war, trug er die gleiche Kleidung und aß dasselbe Essen wie der niedrigste seiner Soldaten. Er saß auf dem blanken Boden und reiste zu Fuß. Er trug sein eigenes Bündel mit seiner Ausrüstung und teilte die Mühen und Strapazen der Soldaten. Einmal, als ein Soldat an einer eiternden Wunde an seinem Arm litt, saugte der General selbst den Eiter heraus. Als die Mutter des Soldaten dies hörte, begann sie zu trauern. Jemand fragte sie: „Dein Sohn ist ein Soldat, trotzdem saugte der General selbst den Eiter aus der Wunde. Welchen Grund hast du zu trauern?"

Die Frau antwortete: „Letztes Jahr hat General Wu das Gleiche für meinen Ehemann
getan, und als Ergebnis hat mein Mann in der Schlacht ohne Rückhalt gekämpft, schließlich starb er durch die Hände des Feindes. Jetzt, da der General meinen Sohn auf dieselbe Art behandelt hat, werde ich nicht wissen, wo er stirbt. Deshalb trauere ich."

Sun Tsu

Gute Teamleiter kümmern sich um ihr Team, jedes einzelne Mitglied. Wenn Sie viel von Ihrem Team verlangen, müssen Sie sich vor es stellen. Sie müssen die Mitarbeiter vor Kunden schützen, der Firma oder anderen Problemen, die sich ergeben.

Gute Teamleiter verwandeln anstrengende Überstunden in etwas Besseres. Zum Beispiel in einen Teamabend mit Pizza und Unterhaltung.

Der Pfad der Zerstörung

Sun Tsu beschreibt sechs Fehler, die Generale machen und die großen Ärger für ihre Armeen verursachen können.

Wenn der General mit seinen Offizieren unklug redet, wird er den Ärger die hierarische Leiter nach unten senden. Menschen, die wütend werden, reagieren jedoch vorschnell und treffen die falschen Entscheidungen. Bugfixes werden vielleicht ohne Überprüfung bereitgestellt und verursachen einen Ausfall. Außerdem wird der Frust mit nach Hause genommen. Sun Tsu nennt dies Zerstörung.

Einmal sagte ein Manager zu uns: „Scheiße fließt immer nach unten." Das war seine Art, uns mitzuteilen, dass wir Überstunden leisten sollten und es ihn nicht weiter interessierte. Sein Chef hatte ihn vermutlich damit beauftragt, die neuen Feature einzubauen, und er leitete die Aufgabe weiter. Dies ist ein gutes Beispiel für „Zerstörung", einen der sechs Fehler.

Wie in Sun Tsus Geschichte des verwundeten Soldaten zeigt sich, dass Teamleiter Menschen beeinflussen. Jeder Mensch beeinflusst andere, aber Führungspersonal tut es umso mehr. Zorn kann seinen Weg durch die Hierarchie finden wie auf folgendem Bild.

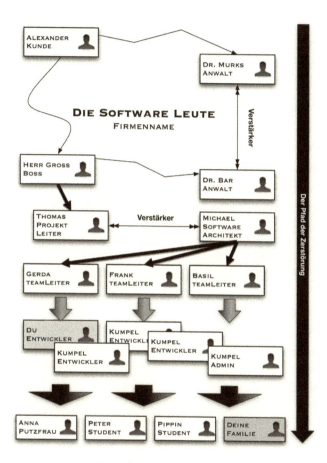

Der Pfad der Zerstörung

Die „Familie" befindet sich am unteren Ende dieser hierarischen Leiter. Gemeinsam mit der Reinigungskraft und den Praktikanten. Sie teilen eine Sache: Sie können sich schlecht gegen die Probleme wehren, die von den oberen Ebenen der Hierarchie auf sie herunterfallen. Kinder sind oft laut. Nach einem langen und anstrengenden Arbeitstag passiert es schnell, dass man einen emotionalen Zusammenbruch erleidet und selbst den Kindern gegenüber ausfällig wird. Wenn das passiert, verursacht die Arbeit etwas Schlechtes. Denn Sie sind nicht in der Lage gewesen, Ihren Geist zu befreien. Und Ihre Familie muss dann damit umgehen.

Wir müssen dafür Sorge tragen, diesen Pfad der Zerstörung zu beenden. Die Flut nach unten muss bei Ihnen enden. Schreien Sie den Praktikanten nicht an, nur weil Sie selbst nicht gut behandelt wurden. Schreien Sie Ihre Familie nicht an, wenn sie Ihre Aufmerksamkeit verlangt, nur weil Sie an Strategien arbeiten, um einen Vorteil gegenüber Ihren Kollegen zu erlangen.

Im Zen versuchen wir achtsam und bewusst zu handeln. Nur dann können wir den Ärger davon abhalten, den Weg der Zerstörung zu vollenden. Es ist das Beste, die Zorneswelle aufzuhalten, wenn sie uns erreicht. Für unsere Familien und jeden, der mit uns zu tun hat. Anstatt den Ärger weiterzureichen, müssen wir darauf achten, was passiert, und uns für die richtige Reaktion entscheiden, selbst wenn das manchmal bedeutet, die Dinge so zu akzeptieren, wie sie sind.

Es ist niemals so schlimm, wie es scheint

Wenn der Kahn sinkt und alles aussichtslos erscheint, erinnern Sie sich an eine Sache: Noch leben Sie.

Als Programmierer stehen Ihre Chancen auch gut, dass Sie das völlige Fehlschlagen Ihres Projekts überleben. Vermutlich können Sie sich weiterhin Essen leisten und Ihre Miete bezahlen. Im schlimmsten Fall müssen Sie vielleicht ein paar Besitztümer verkaufen oder einen neuen Job finden, aber Ihr Leben geht weiter. So ist es zumindest in Deutschland.

Ich kenne einige Menschen, die Angst davor haben, ihre Arbeit zu verlieren. Während ich dieses Buch geschrieben habe, kämpften große Teile der Welt mit ökonomischen Krisen. In Griechenland benötigen 27 Prozent der Bevölkerung Arbeit. In Deutschland sind es hingegen nur 5 Prozent. Ich bekomme eine Menge Vertragsangebote. Es wird viel Geld für die Infrastruktur ausgegeben. Bis jetzt habe ich keine ernsthaften Katastrophen für die deutsche Gesamtwirtschaft gesehen. Trotzdem schauen viele Menschen auf die schlechte Situation in Griechenland und fürchten sich davor, ihr Geld zu verlieren. Manchmal klingen sie so, als würde Deutschland morgen aufhören zu existieren.

Aber worüber beschweren sich die Deutschen?

Griechenland ist im Moment kein guter Platz für junge Leute, die eine berufliche Zukunft wollen. Freunde aus Spanien erzählen ähnlich schlechte Neuigkeiten. Viele talentierte und engagierte Leute können keine Arbeit finden.

Das muss frustrierend sein, und es ist verständlich, warum
sich die Menschen dort beschweren. In Deutschland eher
nicht. Wir befinden uns in einer vergleichsweise bequemen
Situation und könnten manchmal an unserem Blickwinkel
arbeiten.

> Wenn du kein Geld hast, hast du Ärger. Aber es ist
> gut zu wissen, dass es wichtigere Dinge gibt als Geld.
> Wenn du keine sexuellen Wünsche hast, ist etwas
> falsch. Aber es ist gut zu wissen, dass es wichtigere
> Dinge gibt als sexuelle Wünsche.
>
> Kôdô Sawaki (Sawaki, 2007)

Kôshô Ushiyama erklärt, was dieses Zitat meint: Wenn
du glaubst, dass du jedes Problem mit Geld lösen kannst,
wirst du abhängig davon (Sawaki, 2007). Er schreibt, dass er
den Vietnam Krieg hätte beenden können, wenn ihm genug
Geld zur Verfügung gestanden hätte. Dann hätte er einfach
allen beteiligten Parteien genug Geld gegeben, bis sie den
Krieg beenden. Freunden könne geholfen werden, wenn sie
in finanziellen Schwierigkeiten stecken. Wenn er alt wäre,
könnte er ein netter alter Mann mit Geld werden. Wenn er
all das Geld verlieren würde, wären all diese Dinge nicht
mehr möglich, und er wäre untröstlich.

Kôdô Sawaki sagt im selben Buch, dass die Leute zu
viel Lärm darum machen, wie sie ihr Geld verdienen. Die
Menschen erzählen oft, dass sie damit beschäftigt sind,

Essen auf den Tisch zu kriegen. Aber Hühner sind ebenso mit ihrem Futter beschäftigt – nur um dann von Menschen gegessen zu werden. Geld ist ein wichtiges Werkzeug in der heutigen Zeit. Aber es ist nicht mehr als das: ein Werkzeug. Es ist nichts, von dem wir abhängig sein sollten.

Es beeindruckt mich immer wieder, dass Geld in der Welt eines Mönchs keine große Bedeutung hat. Auch ich versuche, auf diese Weise zu leben. Aber ich will ehrlich sein; oft versage ich dabei. Ich werde unruhig, wenn ich in einem Monat mal nicht genug verdiene. Ich bin abhängig, selbst mit einem gefüllten Bankkonto.

Dort, wo ich lebe, ist es schwer, an Hunger zu sterben. Wenn Sie bereit sind, umzuziehen, können Sie beinahe sicher Arbeit finden. Möglicherweise sind Sie unterbezahlt, aber Sie finden Arbeit.

Wenn Sie keine Arbeit finden und das Geld ausgeht, können Sie immer noch betteln.

In der westlichen Welt ist Betteln etwas für Ausgestoßene. Im Buddhismus ist es dagegen Teil der Religion, auf Besitztümer zu verzichten und zu betteln. Erst, wenn Sie alles aufgeben, das Sie zu besitzen glauben, können Sie unabhängig leben. Mönche üben täglich, diese Abhängigkeit zu überwinden. Kôdô Sawaki und Kôshô Ushiyama verbrachten ihr ganzes Leben lang, ohne etwas zu besitzen. Sie haben niemals Ferien gemacht, sind nie zum Erholungsurlaub nach Hawaii geflogen. Sie besaßen keinen Fernseher, und sie glaubten auch nicht, dass sie alle zwei Jahre einen neuen Laptop benötigten.

Stattdessen haben sie meditiert, Meditation gelehrt und

gebettelt.

Als ich noch jung war, hat mein Vater oft gesagt: „Wenn du in der Schule nichts lernst, wirst du zum Bettler." In seiner Vorstellung war es das Schlimmste, was mir passieren konnte. Das ist es aber nicht. Das Schlimmste ist, zu verhungern. Oder keinen sicheren Platz zum Schlafen zu finden. Es gibt in unserer Welt viele Menschen, die unter Hunger und dem Mangel an Sicherheit leiden. Selbst Betteln hilft nicht. Solange Sie sich also nicht in einer ähnlichen Situation befinden, können wir davon ausgehen, dass nichts, was geschieht, so schlimm ist, wie es scheint.

Erinnern Sie sich daran, wenn Ihr Projekt-Kahn in Schieflage gerät. Dinge können falsch laufen. Der Mensch braucht keinen Luxus, um ein zufriedenes Leben zu führen. Ein gutes Leben ist nicht von Arbeit, Stellung oder Gehalt abhängig.

Dinge misslingen. Wenn Sie Ihr Bestes gegeben haben, besteht kein Grund, sich zu fürchten.

Lachen Sie, wenn Sie verzweifelt sind

Lachen bricht die Gitterstäbe beinahe jedes Käfigs. In hitzigen Diskussionen konzentrieren sich die Leute immer mehr auf die eigene Meinung, das eigene Ego und ihr eigenes Wissen. Auf einmal ist jeder ein Experte. Die Leute werden schnell emotional, wenn ihre Arbeit kritisiert wird. In hundert Jahren wird die Menschheit über uns lachen, weil unsere Programmierumgebung so einfach zu verstehen war und unsere Probleme im Arbeitsprozess trivial waren. Wir sollten öfter über uns selbst lachen, weil wir so hart für eine Menge Unsinn kämpfen. Nehmen Sie sich nicht so ernst. Sie sind nur jemand in einem Unternehmen, der eine gewisse Arbeit leistet. Verringern Sie den Druck Ihrer Arbeit: Lächeln hilft. Wenn die Situation furchtbar ist, schauen Sie auf die heitere Seite und lächeln Sie. Lassen Sie andere daran teilhaben.

Auch ich habe mich schon in sehr schwierigen Arbeitssituationen wiedergefunden, in denen etwas funktionieren sollte, es aber nicht tat. Einmal haben ein Kollege und ich stundenlang nach der Lösung eines Problems gesucht und beinahe aufgegeben. Plötzlich mussten wir lachen. Da saßen wir nun: zwei Experten mit einem einfachen Fall, in dem lediglich Daten von A nach B kopiert werden sollten. Es handelte sich um einen erprobten Code, und wir wussten, das Problem musste mit einer Änderung zusammenhängen, die kürzlich innerhalb von vier Zeilen vorgenommen worden war. Aber wir konnten den Fehler nicht finden! Es war so lächerlich, dass wir nach all den Stunden einfach laut lachen mussten.

Zugegeben, wir lachten beinahe hysterisch. Es war in den frühen Morgenstunden, und wir waren seit beinahe 24 Stunden im Büro. Nach dieser langen Zeit glaubten wir, allen Grund zur Verzweiflung zu haben. Wir rissen Witze über unsere Dummheit und zogen in Erwägung, als Schäfer in Australien zu arbeiten. Doch das Lachen brach einige mentale Barrieren, und plötzlich erkannten wir den Fehler. Selbst Anfänger hätten das Problem beheben können, so einfach war die Lösung. Aber wir waren Experten, und das war wahrscheinlich das größere Problem: im Geist eines Experten gibt es eben nur wenig Lösungswege.

Ein anderes Beispiel: Eines Tages führte ich ein Bewerbungsgespräch und stellte dem Kandidaten Fragen zu verschiedenen technischen Themen. Er war sehr schüchtern, und es war zu erkennen, dass er sich mehr Sorgen um die Gesamtsituation machte als um das, worüber wir tatsächlich redeten. Er versuchte, sich meinem Verhalten anzupassen. Außerdem saß er sehr gerade und war über jedes Wort besorgt, das er äußerte. Als ich das bemerkte, wurde ich auch auf mich selbst aufmerksam. Ich hatte einen ziemlich schlechten Start in den Tag hinter mir; ich war viel zu spät aufgewacht, hatte es nicht geschafft, einen wichtigen Brief abzusenden, und verpasste beinahe einen Termin. Das passiert mir normalerweise nicht. Mein Magen schmerzte ein bisschen, und ich hatte schlecht geschlafen. Auf mein Gegenüber musste ich also wie ein ernsthafter, vielleicht sogar verbissener Typ wirken, der nur auf seine Arbeit konzentriert war. Meine Frau sagt mir immer, dass meine tiefe Stimme die Menschen ängstigen könnte.

Als mir das bewusst wurde, entschied ich mich dafür, ein Experiment zu wagen. Ich lehnte mich zurück und nahm eine offene Haltung ein, wie ich es in einem Buch über Körpersprache gelesen hatte. Ich sah kurz aus dem Fenster; das Wetter war großartig, warm. Vor mir stand eine Tasse guten Kaffees. Außerdem fiel mir ein, dass ich den wichtigen Brief auch noch während meiner Mittagspause zur Post bringen konnte: kein Grund zur Sorge also. Dann lächelte ich. Schließlich hatte es einmal einen Tag gegeben, an dem ich in genau der gleichen Situation wie mein Gesprächspartner gewesen war. Ich fragte ihn, ob er Sport treibe, da er sportlich aussah. Zunächst irritierte ihn der plötzliche Themenwechsel, doch es entspannte ihn, über seinen Lieblingssport zu sprechen. Die ganze Atmosphäre wurde angenehmer, und wir führten ein sehr nettes Gespräch. Dabei stellte ich trotzdem fest, dass er talentiert war, und entschied, ihm den Job zu geben, um den er sich beworben hatte und den er wollte.

Scheitern ist natürlich auch eine Option. Es passiert oft. Das Entscheidende ist jedoch, wie wir scheitern. Wir können verzweifeln oder aus unseren Fehlern lernen. Lassen Sie uns mit einem Lächeln scheitern und es beim nächsten Mal besser versuchen.

Manche Leute sagen: „Scheitern ist keine Option." Doch solche Aussagen verhindern kein Versagen. Sie sind nicht einmal motivierend.

Wir können Fehler und Versagen nicht ausschließen. Es wird immer Bugs und falsche Entscheidungen geben. Wenn wir scheitern, scheitern wir eben. Wenn wir erfolgreich sind, sind wir erfolgreich. Geben Sie Ihr Bestes, dann können Sie weitergehen, ohne sich zu sorgen. Selbst wenn Sie scheitern, werden die Vögel immer noch singen und die Blumen sind immer noch schön. Wir leben nicht nur für ein Projekt; wir sind nicht nur Programmierer, sondern auch Menschen. Und Projekte sind nur kleine Ereignisse in unserem Leben.

Lächeln ist wahrscheinlich der beste Weg, um mit Problemen umzugehen.

Die 10 Regeln des Zen-Programmierers

Bevor ich freiberuflich tätig war, gab es immer wieder Tage, an denen ich zwar viel arbeitete, aber nie mit dem Ergebnis zufrieden war. Ich begann mit den Zen-Übungen 2006, und an einem regnerischen Morgen saß ich einmal an meinem Schreibtisch und dachte über effizientes Arbeiten nach. Nach einer Weile kam mir in den Sinn, dass die alten Zen-Meister bereits vor Hunderten von Jahren wussten, wie die heutigen Programmierer arbeiten sollten. Obwohl ich Beiträge, die erklären, „wie man ein besserer Programmierer wird", eigentlich nicht besonders mag, möchte ich trotzdem einige meiner Gedanken aus dieser Zeit skizzieren. Sie sollen als Erinnerung für mich dienen, aber wenn Sie daraus weitere Ideen entwickeln, können Sie mir das gern mitteilen.

1. Fokus!

Wenn Sie sich entschieden haben, an einer Aufgabe zu arbeiten, tun Sie es so gut, wie Sie können. Beginnen Sie nicht mehrere Dinge zur gleichen Zeit. Erledigen Sie nur eine Sache auf einmal. Sie werden nicht schneller oder besser durch mehrere Aufgaben, sondern sich nur selbst erschöpfen. Wenn Sie zu viel arbeiten, werden Ihnen mehr Fehler unterlaufen. Diese wiederum kosten Sie Zeit, während Sie von einer Aufgabe zur anderen wechseln. Das gilt nicht nur fürs Programmieren, sondern auch für alle anderen Bereiche Ihres Lebens.

Kôdô Sawaki sagt: Wenn Sie schlafen müssen, schlafen Sie. Planen Sie Ihre Software daher nicht, wenn Sie versuchen zu schlafen. Schlafen Sie einfach. Das Gleiche gilt für das Schreiben eines Codes. Tagträumen Sie nicht, arbeiten Sie am Code. Selbst bekannte Multitasker wie Stephan Uhrenbacher beschlossen irgendwann, sich nur auf eine Sache zu konzentrieren, anstatt tausend Dinge gleichzeitig zu tun. Er schrieb einmal, dass ihn das alles zu sehr aufgerieben hat. Eine ähnliche Erfahrung wie er habe ich erlebt, als ich an meinem Zeiterfassungsprogramm Time & Bill schrieb. Mein Ziel war es, die Nutzung meiner Zeit so leicht nachvollziehen zu können, dass es auch für kleinere Aufgaben wie einen Telefonanruf funktionierte. Dadurch erkannte ich, dass meine Arbeitsweise katastrophal war. Manchmal habe ich nur ein paar Minuten auf eine Aufgabe verwandt, bis ich zur nächsten überging. Inzwischen bin ich besser. Ich erstelle am Anfang des Tages ein paar Stoppuhren und verfolge meine Zeit mit nur einem Klick. Ähnlich wie bei der Pomodoro-Technik plane ich Zeitsegmente ein und konzentriere mich darauf. Währenddessen gibt es keinen Chat, kein Schlafen und kein Ausprobieren eines tollen neuen Spiels im Appstore.

2. Halten Sie den Kopf frei

Bevor Sie an Ihrer Software arbeiten, müssen Sie den Kopf frei bekommen. Versuchen Sie, für einen Augenblick lang alle Gedanken loszuwerden. Wenn Sie mit einer Sache Probleme haben, lassen Sie sich nicht davon beeinflussen. In den meisten Fällen verschwindet das Problem. Wenn es jedoch so umfangreich ist, dass Sie es nicht ignorieren können, unterbrechen Sie die Arbeit. Versuchen Sie stattdessen, Ihren Geist zu bereinigen. Wenn Sie mit der Arbeit beginnen, lassen Sie die Außenwelt verschwinden.

Auf der Mailing-Liste gibt es etwas Spannendes zu lesen? Lassen Sie es dort. Sie können dieser Sache später nachgehen. Sperren Sie alles aus, was Ihren Kopf mit Unsinn füllt: Schließen Sie Twitter, Facebook und Ihre E-Mails. Sie sollten auch Ihr Handy stumm schalten und in der Tasche lassen. Dieser Punkt ähnelt dem vorangegangenen, es gibt aber eine weitere Einschränkung: Lassen Sie sich von diesen Dingen auch nicht vor der Arbeit oder beim Mittagessen ablenken. Denn sie verbinden Sie mit der Außenwelt und erzeugen möglicherweise neue Probleme oder auch Anregungen, die Ihre Aufmerksamkeit erfordern und es schwer machen, sich auf die kommenden Aufgaben zu konzentrieren.

Versuchen Sie, die Sache wie folgt zu sehen: Am Morgen, wenn Sie aufwachen, ist Ihr Kopf meistens noch frei. Falls nicht, hilft es manchmal, Sport zu treiben (ich probiere es mit Langstreckenlauf). Wenn Sie dann glauben, frei und erfrischt zu sein, gehen sie zur Arbeit und erledigen Sie die

Aufgaben so gut, wie Sie können. Wenn Sie Ihre Arbeit wieder verlassen, können Sie Ihren Geist mit Krempel füllen. Sie werden sehen, dass Ablenkungen wie Twitter und Co. längst nicht mehr so spaßig sind, wenn Sie einen erfüllten Arbeitstag hinter sich haben, denn sie verbrauchen viel Energie. Reden Sie sich bitte nicht ein, diese Ablenkungen würden Sie nur eine Minute kosten. Das tun sie nicht - und Sie wissen das auch.

3. Bewahren Sie den Anfängergeist

Erinnern Sie sich an die Tage, in denen Sie noch ein Anfänger waren? Halten Sie sich an dieses Gefühl. Und wenn Sie am Anfang Ihrer Karriere stehen, dann sehen Sie zu, dass Sie das Gefühl nicht verlieren. Sie werden nie auslernen. Selbst wenn Sie bereits ein Experte sind, sollten Sie sich trotzdem jeden Tag als Anfänger betrachten. Versuchen Sie, die Technologien von einem Anfängerstandpunkt aus zu sehen. Auf diese Weise können Sie Änderungen an Ihrer Software besser akzeptieren und den ausgetretenen Pfad leichter hinter sich lassen, wenn es angebracht ist. Auch Personen, die nicht über Ihre Erfahrungen verfügen, können gute Ideen haben. Wurde jemals eine Software zweimal auf dieselbe Weise gebaut? Selbst wenn Sie den Quellcode größtenteils kopieren, ist sie am Ende doch irgendwie anders.

4. Vermeiden Sie das Ego

Einige Programmierer haben ein großes Problem: ihr eigenes Ego. Dabei bleibt eigentlich keine Zeit für die Entwicklung eines Egos. Weil keine Zeit bleibt, ein Rockstar zu sein. Wer entscheidet über Ihre Qualität als Programmierer? Sie? Andere? Kann man wirklich Äpfel und Bananen vergleichen? Nein, Sie sind ein Individuum. Sie können nicht Ihr ganzes Selbst mit dem eines anderen Menschen vergleichen. Sie können lediglich ein paar Facetten vergleichen.

Eine Fähigkeit ist nichts, auf das man stolz sein muss. Sie beherrschen Java? Prima. Ein anderer ist vielleicht nicht so gut wie Sie, dafür aber besser beim Bowling. Ist Java wichtiger als Bowling? Das hängt von der Situation ab. Sie verdienen wahrscheinlich mehr Geld mit Java, aber der andere Kerl könnte mehr Spaß im Leben haben, weil er seine Bowlingfreunde hat.

Können Sie wirklich stolz darauf sein, dass Sie ein Geek sind? Programmierer mit einem Ego lernen nicht, dabei sollten Sie von allen lernen, von den Erfahrenen und von den Unerfahrenen zugleich.

Kôdô Sawaki sagte einst: „Du bist nicht wichtig."

Denken Sie darüber nach.

5. Versteifen Sie sich nicht auf ein Karriereziel

Zwanzig Jahre lang arbeiten, um Partner in einem Unternehmen zu werden? Warum arbeiten Sie nicht so hart wie möglich, nur weil es Freude macht? Auch schwere Arbeit kann Spaß bringen. „Ein Tag ohne Arbeit ist ein Tag ohne Essen", lautet ein Zen-Sprichwort.

Wenn Sie nur etwas erreichen wollen und sich nicht um das Leben im Hier und Jetzt kümmern, haben Sie das Spiel bereits verloren. Handeln Sie einfach so gut, wie Sie können, ohne auf das Ziel zu achten, das Sie vielleicht nach langer Zeit einmal erreichen können. Es gibt keinen Grund dafür, erst nach zwanzig Jahren glücklich zu werden. Sie können jetzt glücklich sein, auch wenn Sie weder Partner sind noch einen Porsche fahren. Zustände können sich ändern. Sie könnten krank werden. Sie könnten gefeuert werden. Sie könnten ausbrennen.

Solange diese schlechten Dinge nicht passieren, arbeiten Sie einfach so gut, wie Sie können, und haben Sie Spaß dabei. Es gibt auch keinen Grund dafür, immer auf die Gewinne der Kollegen zu schielen oder sich über die tolle neue Position zu ärgern, die Sie nicht erhalten haben.

Sie werden trotz allem etwas erreichen und am Ende auf schöne Erinnerungen zurückblicken können, vielleicht eine gute Position - und auf jeden Fall zwanzig hervorragende Jahre. Jeder Tag ist ein guter Tag.

Sollten Sie aber jemals an den Punkt kommen, an dem Sie denken, dass die Arbeit in Ihrem Unternehmen niemals mehr Spaß machen wird, müssen Sie gehen. Bleiben Sie nicht bei einer Firma, die Ihnen die Freude im Leben raubt. Natürlich ist das in Ländern leichter, in denen sich den Menschen eine größere Auswahl bei der Arbeitsplatzsuche bietet. Aber wenn Sie in einer solchen Umgebung leben, versuchen Sie es. Gehen Sie ohne Bedauern fort, denn Sie haben keine Zeit zu verlieren, immerhin könnten Sie morgen schon tot sein. Wenn Sie kein Karriereziel haben, ist es auch leichter, zu gehen.

6. Schweigen Sie

Wenn Sie nichts zu sagen haben, verschwenden Sie nicht die Zeit Ihrer Kollegen. Das lässt Sie nicht weich aussehen. Versuchen Sie täglich, anderen nicht auf die Nerven zu fallen. Stellen Sie sich vor, jeder würde das probieren - welch großartiger Arbeitsplatz wäre das? Manchmal ist es nicht möglich. Versuchen Sie es trotzdem, Sie werden es mögen.

Wenn Sie kein Ego entwickeln, ist es recht einfach, den Mund zu halten und sich nur um die Dinge zu kümmern, zu denen man wirklich etwas beitragen kann. Verwechseln Sie Ihr Ego nicht mit Ihrer „Erfahrung", und denken Sie daran: Sie sind ein Anfänger. Wenn jemand eine gute Idee hat, unterstützen Sie diese Idee.

7. Achtsamkeit. Sich kümmern. Bewusstsein.

Ja, Sie arbeiten. Aber zur selben Zeit leben und atmen Sie auch. Selbst wenn Sie in der Arbeit harte Zeiten erleben, müssen Sie auf die Zeichen Ihres Körpers hören. Sie müssen etwas über die Dinge lernen, die gut für Sie sind.

Dazu gehört alles, einschließlich grundlegender Dinge wie Nahrung. Sie müssen für sich selbst sorgen und für alles, was sich in Ihrer Umgebung befindet. Immerhin läuft das Wasser, das Sie trinken, in den Fluss. Sie leben nur für sich. Sie leben allein und sterben allein. Die Welt dreht sich weiter, auch ohne Sie.

Vermeiden Sie es, in Situationen zu arbeiten, die Sie nicht mögen oder in denen Sie nicht bezahlt werden, wenn das bedeutet, dass Ihnen die Freude genommen wird oder Sie nicht genug Schlaf erhalten. Lassen Sie los, was Sie nicht glücklich macht. Glauben Sie, dass Menschen nur in der Theorie ohne Bezahlung arbeiten? Denken Sie an die Leute, die Open-Source-Programme in ihrer Freizeit entwickeln. Wenn Sie sich schon einmal bei einer Mailing-Liste für ein Projekt angemeldet haben, kennen Sie wahrscheinlich die Konflikte, die sich darauf manchmal entwickeln. Wenn Sie keinen Spaß mehr daran haben, melden Sie sich wieder ab. Ich kenne eine Reihe Menschen, die an Open-Source-Programmen mitarbeiten, bei denen sie die Umstände nicht mögen. Leider ist nicht jedes Projekt von Freundlichkeit und Kollegialität geprägt. Mit *Time & Bill* habe ich die Zeit verfolgt, die ich mit solchen Projekten verbracht und auch verloren habe - vor allem bei Projekten, die mir nicht besonders gefallen haben.

Manche Menschen glauben, dass sie nur glücklich sein können, wenn sie über Freizeit verfügen und den ganzen Abend mit einer Xbox und einigen Bier verbringen können. Hin und wieder ist das zwar eine gute Idee, es ist aber nicht notwendig, dass jeder Moment in Ihrem Leben aus

„Spaß" besteht. Wenn Sie Situationen, die Sie nicht mögen, vermeiden können, tun Sie das auch. Natürlich muss man manchmal etwas tun, das man nicht mag. Zum Beispiel Daten per Hand von den Excel-Tabellen Ihres Managers in phpMyAdmin kopieren. Das kann Sie Tage kosten, und es ist wirklich langweilig. Es ist kein Spaß, aber manchmal muss man solche Sachen tun. Sie können nicht immer die Arbeit wechseln, wenn Sie eine langweilige Aufgabe bekommen. Zen-Mönche schrecken auch nicht vor ihrer Arbeit zurück. Sie stehen um 3 Uhr morgens auf (manchmal früher, manchmal später, abhängig vom Kloster) und beginnen mit der Meditation und Arbeit (sie betrachten sogar Arbeit als Meditationsübung). Sie müssen Aufgaben erledigen wie das Reinigen der Toiletten oder Gartenarbeit. Als Tenzo müssen sie kochen. Sie tun es mit aller Fürsorge, die sie aufbringen können. Was auch immer sie tun, sie tun es, ohne zu leiden, und sie sind (oder sollten es sein) glücklich, denn jede Sekunde, auch die Momente, in denen sie Toiletten putzen, ist eine Sekunde ihres Lebens.

Im Hinblick darauf: Hören Sie auf zu jammern, wenn Sie Daten per Hand kopieren müssen. Tun Sie es einfach. Vergeuden Sie Ihre Energie nicht mit solchen Dingen; sie werden vorbeigehen. Werden Sie der beste Datenkopierer, den die Welt je gesehen hat.

Wenn Sie einen Herzinfarkt erleiden, werden die Leute wahrscheinlich sagen: „Ja, er hat wirklich hart gearbeitet! Er arbeitete sogar kostenlos für mich in der Nacht." Aber niemand kann Sie in die andere Welt führen. Dieser letzte Schritt wird von uns allein gemacht. Sie können zwischen den Welten nichts austauschen. Deshalb ist es an Ihnen, für Ihr Leben Sorge zu tragen, jede Sekunde. Wenn Sie sterben, sterben Sie. Aber wenn Sie leben, leben Sie. Es gibt keine Zeit zu verlieren.

„Sich kümmern" ist ein wichtiges Wort im Zen-Buddhismus (und ich denke, in jeder Form des Buddhismus). Ich kann nicht alles ausdrücken, das dazu gesagt werden müsste. Es ist schwierig, die verschiedenen Bedeutungen dieses Wortes zu verstehen. Sie können vielleicht mehr mit dem Wort „Bewusstsein" anfangen. Sie müssen wissen, was Sie tun, in jeder Sekunde Ihres Lebens. Sie müssen in Ihrem Leben achtsam sein. Andernfalls verschwenden Sie es. Aber natürlich liegt auch das bei Ihnen, wenn Sie möchten.

8. Sie haben keinen Chef

Ja, es gibt jemanden, der Sie bezahlt. Es gibt auch jemanden, der Ihnen sagt, was getan werden muss. Und der Sie feuern kann. Aber das ist kein Grund, das eigene Leben aufzugeben oder Ihrer Arbeit überdrüssig zu werden. Schließlich hat Ihr Chef keine Kontrolle über Sie. Es kann sogar bezweifelt werden, dass Sie die Kontrolle über sich haben.

Doch zurück zu Ihrem Chef: Er kann Ihr Leben verschlimmern, wenn Sie ihn lassen. Aber es gibt einen Ausweg. Sagen Sie „nein", wenn Sie etwas tun müssen, das Sie krank macht oder gegen Ihre Prinzipien verstößt. Was kann schon passieren? Im schlimmsten Fall wird er Sie entlassen. Und? Wenn Sie in der westlichen Welt leben und Programmierer sind (was sehr wahrscheinlich ist, wenn Sie dieses Buch lesen), dann werden Sie auch einen anderen Job finden. Ich meine damit nicht, dass Sie zu solchen Aufgaben wie dem Umwandeln von Daten von CSV zu HTML nein sagen sollen. Ich spreche von 80-Stunden-Wochen, wenn Sie spüren, wie Ihr Körper zusammenbricht oder dass Ihre Kinder mehr Aufmerksamkeit benötigen. Sagen Sie nein, wenn Sie den Auftrag zur Softwareerstellung für ein Kernkraftwerk erhalten (manche Menschen sagen sicherlich, es sei völlig in Ordnung, für Kernenergie-Unternehmen zu arbeiten, aber es widerspricht meiner Ethik und dient als Beispiel). Es ist erlaubt, „nein" zu sagen.

9. Tun Sie etwas anderes

Ein Programmierer ist mehr als nur ein Programmierer. In Ihrer Freizeit sollten Sie sich etwas widmen, das nichts mit Computern zu tun hat. Gehen Sie Segeln, Angeln, Tauchen. Meditieren Sie, üben Sie sich in der Kampfkunst. Spielen Sie Shakuhachi. Was immer Sie tun möchten, tun Sie es mit aller Macht, die Ihnen noch zur Verfügung steht. Betreiben Sie es ernsthaft genau wie Ihre Arbeit. Ein Hobby ist nicht nur ein Hobby, es ist ein Ausdruck des Menschen, der Sie sind. Lassen Sie sich nicht täuschen, wenn jemand behauptet, Hobbys wären nicht wichtig. Heutzutage können wir es uns leisten, Hobbys nachzugehen. Ich habe zum Beispiel mehrere CDs aufgenommen (und veröffentlicht) und Fantasybücher geschrieben (die sind noch unveröffentlicht, ich muss mehr üben). Die Beschäftigung mit diesen Dingen hat zur Formung der Person beigetragen, die ich heute bin, und mich letztlich auch zu Zen und zum Schreiben dieses Buchs geführt. Das Shakuhachi-Spiel ist ein sehr wichtiger Aspekt meines täglichen Lebens.

10. Sie sind nichts Besonderes

Eine Blume ist Schönheit. Aber es ist nur eine schöne Blume - nichts weiter. Es ist nichts Besonderes. Sie sind ein Mensch, der programmieren kann. Vielleicht sind Sie sogar gut darin. Aber auch das ist nichts Besonderes. Sie sind aus dem gleichen Stoff wie ich und alle anderen Menschen auf diesem Planeten.

Sie müssen auf die Toilette gehen, und Sie müssen essen. Natürlich müssen Sie auch schlafen. Nach (hoffentlich) einer langen Zeit werden Sie sterben, und alles, was Sie geschaffen haben, geht irgendwann verloren. Selbst die Pyramiden werden nach einer langen Zeit einmal verschwunden sein. Kennen Sie die Namen der Personen, die sie erbauen ließen? Ist das wichtig? Nein, denn die Pyramiden gibt es oder eben nicht. Auch ihr Verschwinden ist nichts Besonderes.

Das Gleiche gilt für Ihre Software. Die Bank verdient eine Menge Geld damit. Aber nachdem Sie diese Welt verlassen haben, wird sich irgendwann niemand mehr an Sie erinnern, auch wenn Sie der Programmierer dieser erstklassigen Software sind. Das ist nicht schlimm. Es ist der Lauf der Dinge und nichts, über das Sie sich sorgen sollten.

Wenn Ihr Unternehmen wegen finanzieller Probleme

schließt, ist das nicht das Ende. Das Leben wird weitergehen. Es gibt keine wirkliche Notwendigkeit für eine Xbox, ein Auto oder etwas anderes. Die meisten Menschen auf diesem Planeten leben in tiefster Armut. Sie benötigen keine Xbox, weil sie sich über Essen und Wasser freuen würden.

Warum genau sind Sie also besonders? Weil Sie das Glück hatten, in einem reicheren Land geboren worden zu sein? Weil Sie einen Code schreiben können? Nein, es ist nichts Besonderes. Sie können Ihr Ego loslassen und frei leben. Genießen Sie die Farben und den Duft der Blumen. Seien Sie nicht allzu traurig, wenn der Winter kommt, und nicht allzu froh, wenn der Frühling zurückkehrt. Es ist nur eine Strömung. Denken Sie daran, wenn jemand Ihre Bewerbung ablehnt, denn kein Unternehmen ist so besonders, dass Sie sich deswegen grämen sollten.

Wenn Sie während eines Projekts diesen Regeln folgen, werden Sie feststellen, dass es ein gutes und angenehmes Projekt war. Danach ist es Zeit zu gehen und sich auf etwas anderes zu konzentrieren.

Und jetzt?

Sie haben nun dieses Buch gelesen, das versucht, Programmierern Zen näherzubringen, aber die Frage ist doch, warum haben Sie es gelesen?

Menschen, die etwas über Zen wissen wollen, sind meistens auf der Suche. Innerhalb der Entwicklergemeinschaft ist Zen ein Trendthema. In Diskussionen wird er oft als Synonym für „einfach", „effizient" oder „produktiv" verwandt. Das Ziel dieses Buches ist es jedoch nicht, dass Sie noch mehr arbeiten. Es möchte Ihnen zeigen, wie Sie besser leben können. Das mag sich dann auch positiv auf Ihre Arbeit auswirken, das hat es zumindest bei mir.

Als ich mit Zen begann, habe ich gehofft, dass ich ein Geheimrezept finden würde, wie ich dem Stress besser entgegentreten könnte. Die schlechte Nachricht ist: Dieses Geheimrezept gibt es nicht. Zen löst die Probleme nicht. Es gibt aber auch eine gute Nachricht: Zen machte mir begreiflich, dass ich der Einzige bin, der meine Probleme lösen kann.

Diese Probleme begannen vor allem im Kopf. Ich musste ihn frei bekommen. Im übertragenen Sinne: Ich musste mein System neu starten. Vorher habe ich daran geglaubt, dass meine Probleme einzigartig seien und mit nichts anderem verglichen werden könnten. Andere Menschen mag die Suche nach Lösungen in Therapien, zu Selbsthilfebüchern, Gurus oder einfach zu ein paar Bieren führen, mich hat sie eben zum Zen gebracht. Nachdem ich mich dem Zen eine Weile gewidmet habe, begriff ich endlich, dass nur ich selbst meine Probleme lösen konnte. Ich konnte weder die Firma noch das Projekt ändern. Die Änderung musste mit mir beginnen.

Dieses Buch kann Sie nicht dazu bringen, etwas zu tun. Letztlich kann das kein Buch, kein Guru und auch kein Freund. Sie allein sind dafür verantwortlich.

> Es gibt keinen Weg zum Frieden, es gibt nur Frieden.
>
> Mahatma Gandhi

Unsere Empfindungen sind unsere *Realität*. Wenn Sie das Gefühl haben, dass etwas falsch läuft, tut es das vermutlich auch. Im Trubel eines anstrengenden Arbeitstages konnte ich die warnende Stimme in meinem Kopf nicht hören. Ich benötigte Zen dafür. Aber Zen hat nicht für mich entschieden, sondern mich gelehrt zuzuhören.

Es kann leicht passieren, dass wir unsere Sterblichkeit vergessen. Als ich jung war, fragte mich einmal ein Freund: „Könntest du deinen Tod jetzt sofort akzeptieren?" Ich konnte es nicht. Schließlich hatte ich noch Träume. Ich wollte etwas im Leben erreichen. Wenn mich ein Lkw überfahren hätte, wäre ich überrascht gewesen. Als junger Mann fühlte ich mich unsterblich. Ich habe mehr und mehr gearbeitet und mein Leben darüber vergessen. Ich habe innerhalb eines theoretischen Konstrukts gelebt, in einem

Gefängnis, das mein eigener Kopf erzeugt hat. Und ich gab ihm zu viel Gewicht und Bedeutung.

Selbst heute noch vergesse ich manchmal die Bedeutung des wirklichen Lebens. Wenn ich den Erfolg eines Unternehmens als wichtiger erachte als meine eigene Gesundheit, dann muss ich häufiger meditieren. Neben der Meditation nutze ich die Übungen, die in diesem Buch beschrieben sind. Nicht alle zur selben Zeit, nur dann wenn es sinnvoll ist. Mit der Zeit werden auch Sie Ihre eigenen Übungen entwickeln.

Lehrer wie Kôdô Sawaki haben die Bedeutung der Sitzmeditation ihr ganzes Leben lang betont. Für mich ist das vollkommen verständlich. Ohne Stille und Konzentration werden Sie in einem Meer aus Lärm untergehen.

Ich kenne eine Frau, die ihr Leben durch den Umgang mit Pferden meistern konnte. Wenn sie sich verloren fühlt, fährt sie zu dem nahe gelegenen Stall und kümmert sich um ihre Pferde. Ich meine damit nicht das Reiten, sondern die intensive Beziehung zwischen Tier und Mensch. Es verhilft ihr zur nötigen Distanz. Wenn man sich diese Beziehung näher betrachtet, werden Sie ähnliche Elemente auch im Zen finden. Es gibt nicht nur Sitzmeditation, sondern auch Tee- und Gartenmeditation. Warum sollte es also keine Pferdemeditation geben?

Ich spreche davon, einen Sinn oder eben Ihren eigenen „Weg" im Leben zu finden.

Ich folge dem Weg der Bambusflöte. Aber was ist Ihr Weg? Beginnen Sie mit etwas Einfachem für lediglich zehn Minuten am Tag. Setzen Sie sich zum Beispiel auf einen

Stuhl Ihrer Wahl, wo Sie niemand stört. Wählen Sie einen netten Ort, an dem Sie sich wohl fühlen. Bleiben Sie einfach sitzen, und tun Sie gar nichts. Keine E-Mails. Keine Anrufe. Wenn Gedanken kommen, lassen Sie sie vorbeigleiten. Glauben Sie nicht, dass diese Zeit dafür da ist, um Pläne zu schmieden. Zuerst werden Sie dabei fürchterlich versagen. Doch je öfter Sie es tun, umso besser werden Sie darin, den Kopf frei zu bekommen. Jeden Tag wache ich um 5 Uhr morgens auf. Während der Kaffee kocht, nutze ich die Gelegenheit, um die Morgenluft einzuatmen und mich an meiner Existenz zu erfreuen. Das sind meine „10 Minuten". Diese Zeit, die nur Ihnen gehört, wird Ihr Leben verändern. Und wenn es das ist, was Sie wirklich wollen, sollten Sie damit beginnen. Wenn Sie das schaffen, werden Sie auch Ihren Weg finden.

Viel Glück und danke fürs Lesen.

Bibliografie

Red Pine (Eds). (1987). The Zen Teaching of Bodhidharma. New York: North Point Press, 1989.

Kôdô Sawaki. (2005). An Dich. Frankfurt: Angkor Verlag.

Kôdô Sawaki. (2005). Zen ist die größte Lüge aller Zeiten. Frankfurt: Angkor Verlag.

Kôdô Sawaki. (2008). Tag für Tag ein guter Tag. Frankfurt: Angkor Verlag. ISBN: 978-3-936018-57-8.

Kôdô Sawaki, Kosho Ushiyama. (2007). Die Zen-Lehre des Landstreichers Kôdô. Frankfurt: Angkor Verlag.

Dhammasaavaka. (2005). The Buddhism Primer: An Introduction to Buddhism. Boston: Lulu.com. ISBN: 1-4116-6334-9.

Jiho Sargent. (2001). Asking About Zen: 108 Answers. Boston: Weatherhill. ISBN: 0-7567-8888-9.

Siddharta Gautama Buddha. Editorial Committee, Burma Tipitaka Association Rangoon (Eds.). (1986). The Dhammapada: Verses and Stories. Retrieved April 2, 2013, from: http://goo.gl/wIDPKI.

Immanuel Kant. Grundlegung zur Metaphysik der Sitten. (2004). Göttingen: Vandenhoeck and Ruprecht. ISBN: 3-525-30602-4.

A. B. Mitford. (2005). Tales of Old Japan: Folklore, Fairy Tales, Ghost Stories and Legends of the Samurai. Dover Pubn Inc. ISBN: 978-0486440620.

Matthias Burisch. (2006). Das Burnout-Syndrom, 3. Auflage. Heidelberg: Springer Medizin Verlag. ISBN: 3-540-23718-6.

Frank Gebert. (2010). Wenn Arbeit krank macht. FOCUS Magazin 10.2010. Retrieved April 6, 2013, from goo.gl/WfgAM9.

M. Kläsgen. (2010). Selbstmord in Serie. Retrieved April 6, 2013, from: http://goo.gl/ePYrb3.

BBC News Europe. (2012). Ex-France Telecom chief Lombard probed over suicided. Retreived August 23, 2012, from: http://goo.gl/DoMKAO.

DAK-Gesundheitsreport Hamburg. (2010). Retrieved April 6, 2013, from: http://goo.gl/WDn0yl.

Andrea Lohmann-Haislah: Stressreport Deutschland 2012. Psychische Anforderungen, Ressourcen und Befinden. 1. Auflage. Dortmund: Bundesanstalt für Arbeitsschutz und Arbeitsmedizin 2012; ISBN: 978-3-88261-725-2.

Shunryu Suzuki: Zen Mind, Beginners's Mind. 2011. Shambhala; ISBN: 978-1-59030-849-3

LAM TE NGU LUC: The Sayings of Zen Master Linji Yixuan. Retrieved 15.04.2013 from: http://goo.gl/x01t6P.

Lafcadio Hearn: Kwaidan. Stories and Studies of Strange Things. Boston: Houghton, Mifflin and Co. 1904. Retrieved 23.07.2013 from: http://goo.gl/OtaE9a.

Brad Isaac: Jerry Seinfeld's Productivity Secret. Lifehacker. Retrieved July 02, 2013, from: http://goo.gl/CK9sNE.

Gerald M. Weinberg: The Psychology of Computer Programming. Van Nostrand Reinhold Company. 1972. ISBN: 978-0-44229-264-5.

Eugen Herrigel: Zen and the Art of Archery. 1999.

Vintage Books. ISBN: 0-3757-0509-0.

Dōgen: Shobogenzo Zuimonki. Kristkeitz; Auflage: 4., durchgesehene und überarbeitete Auflage. 1997. ISBN: 3-9323-3768-9.

Sun Tsu: The Art Of War: Complete Text and Commentaries. 1988. Boston: Shambhala Publications, Inc. ISBN: 978-1-59030-054-1.

Forsyth, D. R.: Group Dynamics. 5th ed. 2009. Pacific Grove, CA: Brooks/Cole.

Watazumi Roshi: The Way of Watzumi. Retrieved November 25, 2012, from: http://goo.gl/c96gkl.

Friedrich Nietzsche: Jenseits von Gut und Böse. 1886.

Dōgen, Kosho Uchiyama Roshi: Zen für Küche und Garten. 2007. Frankfurt: Angkor Verlag.

Charles W. Eliot: The Sayings of Confucius. Vol. XLIV, Part 1. The Harvard Classics. New York: P.F. Collier & Son, 1909–14; Bartleby.com, 2001. www.bartleby.com/44/1/.

Patrick McKenzie: Don't Call Yourself A Programmer, And Other Career Advice. Retrieved October 28, 2011, from: http://goo.gl/SwGcjH.

Johnson, R. and Gamma, E. and Vlissides, J. and Helm, R.: Design Patterns: Elements of Reusable Object-Oriented Software. 1995. Addison-Wesley. ISBN: 9-780-20163-361-0.

Robert C. Martin: Clean Code: A Handbook of Agile Software Craftsmanship. 2008. Prentice Hall PTR. ISBN: 0-1323-5088-2.

Martin Fowler: Refactoring: Improving the Design of Existing Code. Don Wells and Laurie A. Williams (Eds.). 2002. London, UK: Springer-Verlag.

www.ingramcontent.com/pod-product-compliance
Lightning Source LLC
Chambersburg PA
CBHW051048050326
40690CB00006B/641